W9-AQG-760

McKinley Park Branch
1915 West 35th Street
Chicago, Illinois 60609

THE CHICAGO PUBLIC LIBRARY

FORM 19

SINGER

BIBLIOTECA DE COSTURA MR

Pantalones con ajuste perfecto

LIMUSA
GRUPO NORIEGA EDITORES

México • España • Venezuela • Argentina
Colombia • Puerto Rico

SINGER

BIBLIOTECA DE COSTURA MR

Pantalones con ajuste perfecto

CONTENIDO

Cómo utilizar este libro 7

Modificación a los pantalones 45

Confeccionar pantalones
con ajuste
perfecto 46
Cómo preparar
el patrón 48
Modificaciones a los
patrones 50

Cómo modificar el largo . 52
Cómo modificar el
ancho 54
Cómo ajustar el largo
del tiro 56
Cómo rectificar los
patrones 60

Cómo perfeccionar el ajuste 69

Cómo prepararse para
la prueba 70
Cómo lograr un ajuste
perfecto 75
Cómo marcar los cambios
en el ajuste 86

Cómo transferir las
modificaciones al
patrón 88
Cómo hacer una guía
personal de ajuste 90

McKinley Park Branch
1915 West 35th Street
Chicago, Illinois 60609

Versión autorizada en español de la obra publicada
en inglés por Cy DeCosse Incorporated con el título de
SEWING PANTS THAT FIT.
© 1989 Cy DeCosse Incorporated (English version). All rights reserved.
© 1992 Cy DeCosse Incorporated (versión en español). Derechos reservados.

ISBN 0-86573-281-7

Distributed in the U.S. and Canada by Cy DeCosse Incorporated.
5900 Green Oak Drive, Minnetonka, MN 55343, U.S.A.

CY DECOSSE INCORPORATED
Director: Cy DeCosse
Presidente: James B. Maus
Vicepresidente ejecutivo: William B. Jones

SEWING PANTS THAT FIT.
Elaboración: Departamento Editorial de
Cy DeCosse Incorporated, en colaboración con el
Singer Education Department. Singer es marca
registrada de la Compañía Singer y se está usando
con su autorización.

Cómo elegir 9

Diversos tipos
  de pantalones 10
El uso de patrones y
  tela 12
Cómo seleccionar
  las telas 14

Diferentes clases de telas
  para pantalón 16
Los primeros pantalones
  que confeccione 20

Qué ajustar 23

Cómo ajustar pantalones . 24
Cómo relacionar el
  patrón con el cuerpo . . 26
Cómo tomar medidas . . . 28

Tabla de ajustes
  de pantalones 30
Cómo analizar su figura . 33
Para combinar los
  ajustes 41

Cómo confeccionar los pantalones 93

Técnicas para coser
  pantalones 94
Bolsillos oblicuos 96
Cierre al frente con
  aletilla 98
Costuras y dobleces 100

Cómo forrar pantalones . 102
Pretinas 105
Formas de abrochar 108
Cómo dobladillar
  pantalones 110

Cómo cambiar un diseño 113

Cambios sencillos en
  el diseño 114
Cómo agregarle pliegues
  a un patrón 116
Modificaciones en el
  ancho de la pierna . . . 118
Cómo agregar
  valencianas 120

Pantalones con resorte
  en la cintura 121
Bolsillo de una pieza en
  pantalones con resorte
  en la cintura 122
Pretina para pantalones
  con resorte en la
  cintura 124

Derechos reservados:

© 1992, EDITORIAL LIMUSA, S.A. de C.V.
GRUPO NORIEGA EDITORES
Balderas 95, C.P. 06040, México, D.F.
Teléfono 521-50-98
Fax 512-29-03

Miembro de la Cámara Nacional de la Industria
Editorial Mexicana. Registro número 121

Primera edición: 1992
(8515)

ISBN 968-18-4320-7
ISBN 968-18-4321-5 (serie completa)

Versión en español:
HERENIA ANTILLÓN
ALMAZÁN

La presentación y disposición en conjunto de
PANTALONES CON AJUSTE PERFECTO
*son propiedad del editor. Ninguna parte de esta
obra puede ser reproducida o transmitida, mediante
ningún sistema o método, electrónico o mecánico
(INCLUYENDO EL FOTOCOPIADO, la grabación
o cualquier sistema de recuperación y almacenamiento
de información), sin consentimiento por escrito
del editor.*

Printed on American paper by: R. R. Donnelley
& Sons (1192)

Esta obra se terminó de imprimir en agosto de 1992
en los talleres de R.R. Donnelley & Sons Company
Book Group 1145 Conwell Avenue Willard, Ohio,
USA 44888-0002

La edición consta de 20,000 ejemplares más
sobrantes para reposición

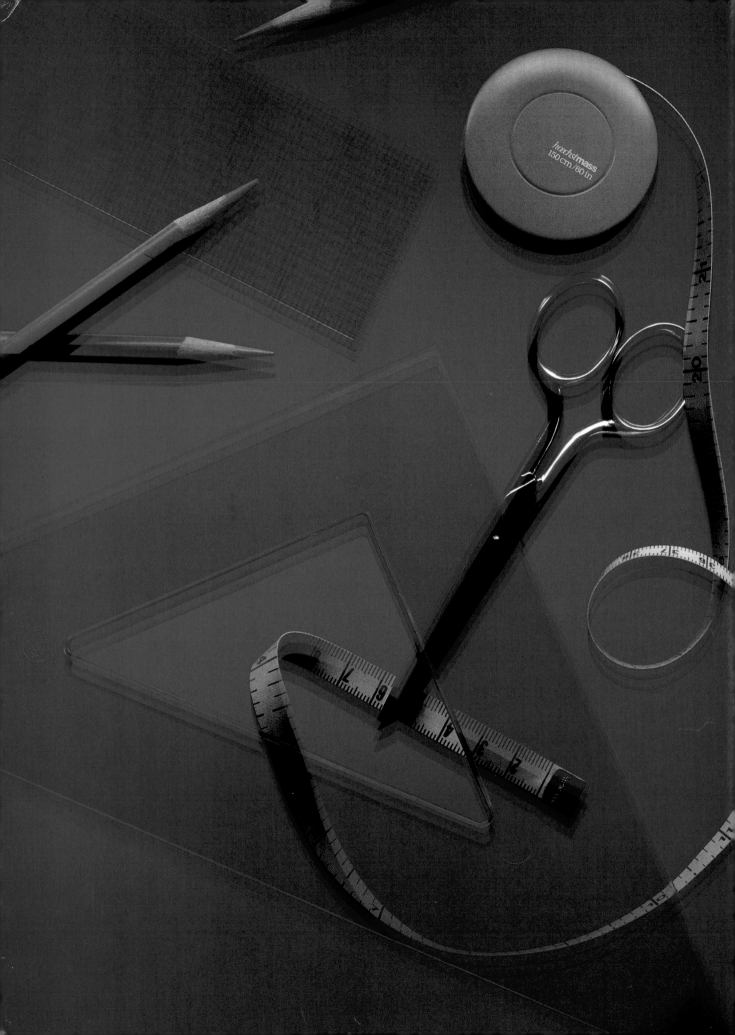

Cómo utilizar este libro

Para confeccionar pantalones en cualquier estilo, se pueden obtener patrones que, con la gran diversidad de telas que existe, ofrecen una variedad casi ilimitada de modelos. La información que se brinda en este libro le ayudará a seleccionar el patrón y la tela, guiándola a través de las diferentes etapas para ajustar y coser pantalones. Aunque anteriormente se le haya dificultado ajustar pantalones, no deje que esto la desanime ahora. Si sigue paso por paso las técnicas que se recomiendan en este libro, el proceso de ajuste no le resultará difícil.

Qué es un ajuste perfecto

Al entallar pantalones, el objetivo principal es que agraden a la persona que los va a usar, que le guste el aspecto de la prenda terminada y que se sienta cómoda cuando los use. Para confeccionar pantalones que ajusten bien primero hay que comprender lo que es un ajuste perfecto, para lo cual le resultarán útiles las normas de ajuste que se proporcionan en este libro, porque le servirán de guía para elaborar una prenda con una caída perfecta.

La sección del libro dedicada a comprender qué es un ajuste perfecto indica la forma adecuada de los patrones para pantalones y cómo caen a la forma del cuerpo. Analice su cuerpo, tómese las medidas y véase en el espejo con la mayor objetividad que le sea posible. Aproveche las fotografías que aparecen en esta sección de pantalones mal confeccionados para identificar qué problemas de ajuste se le pueden presentar.

Modificaciones al patrón y entalle

Aunque en el pasado quizá usted evitó ajustar sus patrones, este paso es muy importante para la confección de pantalones con ajuste perfecto. Por lo general, no se requieren todos los ajustes que se indican en la sección sobre el ajuste de patrones, aunque le resultará muy útil leerla toda para comprender mejor la caída que debe tener un pantalón.

Se le indica la forma de marcar las líneas de ajuste en el patrón. Posteriormente se ajusta el patrón a lo largo de estas líneas para evitar que la forma o diseño del patrón se distorsionen.

Cuando ajusta un patrón, interrumpe las líneas de costura desplazándolas de las áreas de ajuste, por lo que será necesario trazarlas de nuevo o rectificarlas para obtener líneas de costura adecuadas. Se recomienda dejar pestañas más grandes al cortar un pantalón con un molde que use por primera vez, a fin de tener espacio extra para cualquier ajuste adicional necesario al entallar la prenda.

Después de hacer los ajustes al patrón, corte e hilvane a máquina los pantalones y luego pruébeselos para ver cómo entallan. En la sección *Cómo perfeccionar el ajuste* se le indica la secuencia correcta para cerciorarse del entalle correcto de los pantalones y se le orienta para hacer los pequeños ajustes que sean necesarios. Si hace ajustes en los pantalones hilvanados, habrá que transferirlos al patrón.

Cómo confeccionar los pantalones

En la sección denominada *Cómo confeccionar los pantalones* se muestran técnicas especiales, incluyendo la que se utiliza para coser bolsillos oblicuos que irán reforzados para impedir que la abertura se estire, y también se le indica cómo coser un cierre delantero con aletilla. También aparecen técnicas especiales para planchar los dobleces y planchar las costuras alisándolas, así como pinzas y tablones.

También encontrará información sobre la manera de utilizar dos formas de abrochar su prenda, una principal y una secundaria, para distribuir el esfuerzo e impedir que se jale la parte superior del cierre.

Verá cómo cortar la tela del forro para forrar pantalones utilizando las piezas ya ajustadas del patrón, así como los forros parciales hasta el área de la rodilla.

Cambios de diseño

En la sección *Cómo cambiar un diseño* se le mostrará cómo cambiar el aspecto de un patrón básico agregándole un bolsillo para reloj. Mediante el uso de sencillos procedimientos en el patrón extendido, es posible cambiar el ancho de las piernas de los pantalones, así como cambiar un patrón ajustado con pinzas a un patrón con pliegues, o agregar valencianas a la prenda.

En esta sección también se incluyen las técnicas especiales para pantalones con resorte en la cintura, cómo coser bolsillos de una pieza y cómo aplicar una pretina con resorte.

Cómo elegir

Diversos tipos de pantalones

Al confeccionar sus propios pantalones puede lograr que su prenda le ajuste perfectamente. Puesto que existen tantos patrones y telas de dónde escoger, hay un estilo perfecto para cada persona.

El largo de los pantalones varía mucho de un estilo a otro, ya que van desde la parte superior del muslo hasta el tobillo, incluyendo los pantaloncillos muy cortos, los tipo Jamaica o bermudas, los que se usan para caminar; también están los que llegan a la rodilla, los que sirven para ciclismo, los tipo pescador o los clásicos.

Los pantalones con resorte en la cintura tienen una pretina con cinta elástica en vez de aletilla. Se cosen fácilmente y son cómodos.

Los pantalones clásicos resultan una buena elección para ser el primer pantalón que cosa. Después de ajustar el entallado del patrón, será más fácil ajustar otros estilos.

Las bermudas son pantalones cortos que terminan arriba de la rodilla.

La falda pantalón son pantalones que se cortan con más amplitud para que parezcan falda.

Los pantalones tipo pescador terminan sobre el tobillo y tienen menos amplitud para proporcionar un aspecto más estilizado.

Los pantalones de montar tienen mayor amplitud en los muslos y piernas rectas y angostas por debajo de la rodilla.

El uso de patrones y tela

El patrón y la tela en conjunto crean el estilo de los pantalones. El patrón proporciona el diseño básico y la tela la textura, color y caída.

Existen patrones virtualmente para cualquier moda en pantalones, desde los muy entallados estilo pescador, hasta los sueltos estilo palazzo. Lea siempre la parte posterior del sobre del patrón donde se hace la descripción del diseño de los pantalones.

Puesto que siempre hay más de una tela adecuada para cada patrón, podrá utilizar el mismo patrón con diferentes telas para confeccionar pantalones distintos, cada uno con aspecto diferente. Las técnicas de confección pueden variar, dependiendo de lo que sea más adecuado para cada tela que se cose. Por ejemplo, un cierre con aletilla al frente resultará adecuado para pantalones de lino, aunque para brocado de seda será mejor que el pantalón tenga un cierre lateral o trasero.

Al seleccionar la tela para los pantalones, debe tener presente varios aspectos.

El peso, caída, textura y color de la tela son factores que influyen en el aspecto final y caída de la prenda terminada. Si el patrón de los pantalones tiene detalles especiales de diseño, como bolsillos o piezas adicionales, también es importante elegir una tela que destaque los detalles (páginas 14 y 15).

También debe tener presente las actividades que va a realizar cuando use los pantalones. Por ejemplo, si son para trabajo pesado deberá escoger una tela durable, pero si los va a usar de noche la durabilidad no es tan importante.

Si las arrugas no le agradan, examine la tela retorciéndola para ver con qué facilidad se arruga. Tenga presente que los pantalones que ajustan bien no se arrugan tanto como los que no le entallan.

Revise la caída de la tela acercándola al cuerpo mientras se para frente a un espejo. La tela voluminosa o rígida tiende a alejarse del cuerpo, mientras que las telas ligeras o flexibles caen más cerca del cuerpo en pliegues suaves. Si va a coser pantalones que lleven tablones, doble los tablones en la tela para apreciar la caída.

VLOOK
6865

Cómo seleccionar las telas

La tela que escoja debe destacar los detalles del diseño del pantalón. Por ejemplo, si cose pantalones con dobleces o detalles que requieran las orillas bien marcadas, seleccione una tela resistente que mantenga el planchado. Si los pantalones tienen tablones suaves, escoja una tela de menor peso con buena caída que forme pliegues suaves.

Los colores claros u oscuros son una consideración importante si el patrón de los pantalones tiene detalles especiales de diseño, ya que éstos se notan más en pantalones con colores de valor medio que en pantalones de colores oscuros. Los detalles se aprecian más en telas de un solo color que en las que tienen dibujos, como estampados o tartanes. Hasta las telas texturizadas como los tweeds hacen que destaquen menos los detalles.

Si desea destacar la línea de corte del pantalón, elija una tela de color oscuro, aun cuando se pierdan un poco los detalles del diseño.

Las telas con rayas verticales destacan la línea vertical de los pantalones, aunque las franjas anchas la hacen parecer más pesada que las angostas. Esto resulta aún más notable con las rayas anchas de colores fuertemente contrastantes.

Al seleccionar una tela listada, tartán o estampado para los pantalones, coloque la tela frente al cuerpo mientras se para frente a un espejo para ver el efecto que produce. Los tartanes con dibujos pequeños o un estampado menudo casi desaparecen, en especial si los tonos son claros o sutiles. Un tartán grande o un estampado con motivos vistosos da el aspecto de mayor atrevimiento y resulta llamativo, en especial si el contraste de color es fuerte.

Los colores lisos de tonos moderados destacan los detalles del diseño y la línea de la prenda.

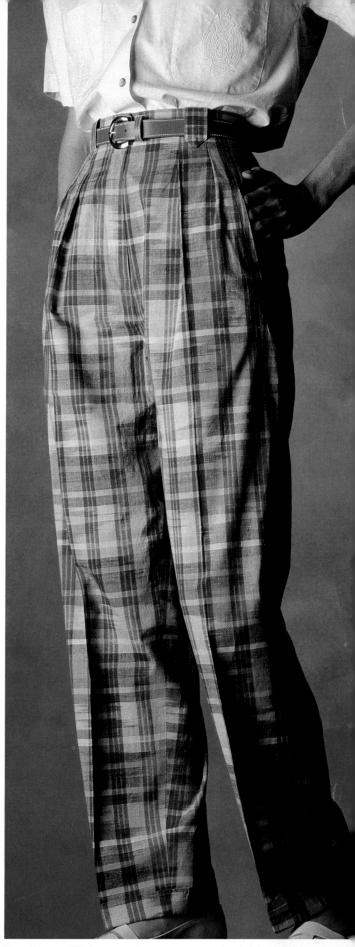

Los colores lisos oscuros destacan la silueta de los pantalones haciendo que los detalles del diseño destaquen menos.

Las telas con dibujo, como tartanes y estampados, hacen menos visibles los detalles del diseño.

15

Diferentes clases de telas para pantalón

Las telas hechas de fibras naturales son adecuadas para confeccionar pantalones porque respiran, haciendo que la prenda terminada sea más cómoda de usar, además de que se adaptan bien a la forma y se planchan bien. Las fibras naturales con frecuencia se mezclan con fibras sintéticas para crear telas más durables y resistentes a las arrugas.

Una tela que tenga buena caída se desliza cerca del cuerpo en pliegues suaves; una tela que se adapte sólo moderadamente al cuerpo, se aleja al caer. En ocasiones se encuentran diferentes pesos de la misma clase de tela, y mientras más ligera sea caerá con mayor elegancia. Aunque la mayoría de los linos, por ejemplo, no se pegan al cuerpo, un lino ligero tendrá mejor caída que uno pesado.

Las telas que tienden a alejarse del cuerpo le añaden volumen, haciendo que la silueta se vea más pesada de lo que realmente es. Las telas más pesadas también aumentan el volumen.

Cómo escoger el forro

Si los pantalones van forrados, seleccione una tela lisa y ligera de tejido apretado. El cuidado que requiera el forro debe ser compatible con el que necesite la tela de los pantalones.

El rayón Bemberg^(MR) respira bien, resulta cómodo en todos los climas y es duradero. Se puede adquirir en dos pesos diferentes y el más ligero resulta mejor para los pantalones.

Los forros de seda, como la seda china, son menos duraderos que los de rayón, pero también respiran bien. La seda es especialmente adecuada para climas fríos y tiene buena caída.

El forro de poliéster se consigue con facilidad, pero no cae tan bien como el rayón o la seda. El poliéster resulta demasiado caliente y no es cómodo ni en climas calientes ni en los fríos.

Guía para seleccionar y coser la tela de los pantalones

Franela ligera de lana, aparece abajo (tela suave con superficie pulida). **Tweed de lana** (tela con superficie texturizada)

Características: Flexibilidad moderada; aumenta algo de volumen; conserva bien los dobleces, no mantiene bien la forma.

Recomendaciones para la costura: No planche demasiado porque la tela pierde el brillo. Las arrugas y marcas de la aguja desaparecen con vapor. Se recomienda forro.

Gabardina de rayón (suave, ligera, con tejido diagonal)

Características: Se amolda con facilidad sin aumentar volumen, no retiene bien el doblez.

Recomendaciones para la costura: Las arrugas y marcas de costura se quitan con vapor. Deje que la tela seque antes de moverla para que no se estire. Si desea, puede forrar.

(continúa en la página siguiente)

Gabardina de lana, aparece abajo. **Otras lanas peinadas** (tela de tejido muy cerrado y superficie dura)

Características: Muy flexible; cuando es ligera, no es voluminosa; conserva bien el doblez; mantiene bien la forma.

Recomendaciones para la costura: No planche demasiado porque la tela se pone brillante; para un buen planchado use vapor y aplanador de costuras; las arrugas y marcas de las agujas se quitan con vapor; si desea, puede forrar.

Crepé de lana (tela con superficie corrugada)

Características: Excelente flexibilidad; conserva el doblez pero no la forma.

Recomendaciones para la costura: Es indispensable preencoger antes de cortar; haga el acabado en las orillas cortadas antes de la confección para prevenir el deshilachado; las arrugas y marcas de las agujas se quitan con vapor; se recomienda forrar.

Chalí de lana, aparece abajo; **chalí de rayón** (suave, adaptable; tela ligera con superficie tersa)

Características: Excelente flexibilidad, no es voluminosa, no retiene el doblez.

Recomendaciones para la costura: Requiere acabado en las orillas antes de la confección para impedir el deshilachado; las arrugas y marcas de las agujas se quitan con vapor; se recomienda forrar al confeccionar estilos sastre.

Guía para seleccionar y coser la tela de los pantalones (continuación)

Brocado de seda o con aspecto de seda, aparece abajo; **crepé de china, charmés, paño de seda, otras telas sedosas** (telas ligeras y tersas)

Características: Excelente caída, en especial de las telas de seda; conservan el doblez; no son voluminosas.

Recomendaciones para la costura: Al confeccionar estilos sastre aceptan mayor holgura; la costura debe ser tensa para impedir los frunces; las arrugas y marcas de las agujas no se quitan fácilmente; forro opcional.

Tweed de seda, aparece abajo (tela suave de peso medio, multicolor con superficie texturizada); **seda peinada** (tela suave, ligera, con textura nudosa)

Características: Buena caída; el tweed de seda aumenta volumen; no conserva el doblez; no mantiene bien la forma.

Recomendaciones para la costura: Para evitar el deshilachado en las orillas cortadas del tweed de seda, haga el acabado en las orillas antes de confeccionar la prenda; las arrugas y marcas de las agujas se quitan con vapor; se recomienda forrar los estilos sastre.

Lino para trajes (tela con cierto aderezo, de peso medio, textura irregular)

Características: Flexibilidad moderada; algo voluminosa, conserva el doblez, se arruga con facilidad.

Recomendaciones para la costura: para impedir el deshilachado, haga el acabado en las orillas antes de confeccionar la prenda; las arrugas y marcas de agujas se quitan con vapor; se recomienda forrar.

Jersey de lana, aparece abajo, **tejidos de algodón** (tejidos ligeros de punto)

Características: Flexible; no es durable; no conserva el doblez ni la forma.

Recomendaciones para la costura: Refuerce la costura del tiro con cinta de refuerzo para que no se deforme; puede forrar los pantalones en el área de la rodilla para que no se abolsen.

Shantung de seda, aparece abajo (tela ligera de textura irregular); **tusor de seda** (tela de colores naturales de textura fuertemente marcada e irregular)

Características: La flexibilidad va de buena a moderada; puede ser voluminosa; conserva el doblez.

Recomendaciones para la costura: Acabe las orillas cortadas antes de confeccionar la prenda para que no se deshilache; las arrugas y marcas de las agujas no se quitan fácilmente; se recomienda forrar.

Gabardina de algodón, aparece abajo; **chino, damasco, popelina, mezclilla** (telas resistentes, tejidos muy cerrados).

Características: Moderadamente flexible, durable; aumenta volumen según el peso de la tela; no conserva el doblez; no mantiene la forma.

Recomendaciones para la costura: La tela se suaviza con un preencogido; por lo general, los pantalones que se confeccionan con estas telas no se forran.

Los primeros pantalones que confeccione

Aunque hay muchos patrones y telas de donde escoger, le ayudará que el patrón y la tela sean sencillos para confeccionar su primer pantalón. El proceso de ajuste es una parte importante de la confección de sus primeros pantalones, de modo que puede ahorrar tiempo evitando los patrones con demasiados detalles que tomen mucho tiempo, como los bolsillos con aletilla o telas difíciles de coser.

Selección de patrones

Cada fabricante de patrones se basa para sus diferentes estilos, en un patrón básico ajustado por medio de pinzas o en un patrón básico para todos sus modelos originales. Una vez que el usuario modifica el patrón ajustado con pinzas, lo podrá utilizar como plantilla para modificar otros patrones de la misma marca. Si va a confeccionar varios pantalones en diferentes estilos, la mejor elección que puede hacer es un pantalón ajustado con pinzas.

Todas las compañías fabricantes de patrones tienen también un patrón de pantalones clásicos con pinzas. Por lo general el ajuste de los pantalones clásicos, que se muestran abajo, es similar al ajuste de los que tienen pinzas porque los pantalones clásicos tienen una cantidad mínima de holgura en el diseño. Si no desea utilizar el patrón modi-

ficado con pinzas para el primer pantalón que cosa, una buena alternativa será el pantalón con pliegues.

Los pequeños cambios de diseño, como agregar valencianas o cambiar el ancho de las piernas del pantalón o el ancho de los pliegues (páginas 116 a 120), se pueden hacer posteriormente en unos pantalones clásicos con pliegues, para obtener otro aspecto.

La tabla de medidas varía de una compañía a otra. Por ejemplo, un patrón talla 10 puede estar diseñado para una cadera que mida 87.8 cm (34½") en una compañía y en otra para una cadera de 90.3 cm (35½"). Cerciórese de comparar sus propias medidas con las de la tabla que aparece en el patrón antes de seleccionarlo.

La tolerancia que viene en cada patrón se determina al comparar la medida del patrón en la línea de la cadera con su propia medida de cadera.

La pretina
se acomoda en la línea natural de la cintura.

Las pinzas
proporcionan holgura en el entalle.

Los pliegues
se prenden hacia afuera durante el entalle, proporcionando una buena caída.

Los bolsillos
inclinados o en la costura lateral se pueden agregar si se desea.

La holgura de un patrón básico varía de una compañía a otra. Algunas dejan una amplitud de 2.5 a 5 cm (1" a 2"), lo cual permite un buen entalle sin amplitud excesiva, en tanto que otras dejan de 7.5 a 10 cm (3" a 4").

Como regla general, seleccione el tamaño de su patrón de acuerdo con las medidas de su cadera. Sin embargo, si va a coser un patrón que deje de 7.5 a 10 cm (3" a 4") de tolerancia y desea una prenda más entallada, seleccione un patrón de una talla más chica para no tener que hacer tantas modificaciones al patrón. Si no está segura del tamaño del patrón que debe comprar, tal vez le convenga un patrón multitalla.

Selección de telas

Cuando vaya a confeccionar su primer pantalón, es importante que la tela que escoja tenga un tejido firme, peso medio y que sea adecuada para el modelo. Los pantalones, aunque sean los primeros que cosa, le entallarán bien, de modo que no es necesario hacer una prenda de prueba en muselina o guinga.

Las telas de fibras naturales se manejan con facilidad, ya que se pueden planchar bien y se adaptan a la forma sin muchos problemas. Entre las elecciones atinadas están la franela de lana 1), lana diagonal 2), tweed de seda 3), lino grueso 4) y gabardina de algodón 5). Evite las telas con tejido flojo, ya que se estiran deformándose durante las pruebas.

La aletilla
de la bragueta permite ajustar el entalle en las costuras laterales.

Las piernas
rectas o en disminución en el pantalón le permiten rectificar con precisión el entalle en las costuras de la parte interior de la pierna y en las costuras laterales.

1

2

3

4

5

Qué ajustar

Cómo ajustar pantalones

Las compañías que hacen patrones tienen tablas de medidas propias para diferentes tipos de figura; no obstante, las figuras de pocas personas corresponden a estas medidas con exactitud. Esto significa que, para que una prenda quede bien, tendrán que hacerse varias modificaciones al patrón. Aunque esto resulte frustrante, una vez que se modifica un patrón, el mismo tipo de modificaciones se puede aprovechar para otros patrones de la misma compañía, sin tener que repetir todo el proceso de nuevo.

Los pantalones se cortan con el patrón ya ajustado, hilvanándolos a máquina y haciendo una prueba para ajustarlos. Los pequeños ajustes adicionales se harán en este momento. Una vez que se hagan los ajustes en el patrón y en la prenda de prueba, será fácil confeccionar los pantalones.

Holgura básica y de diseño

Todos los patrones se diseñan para adaptarse a las medidas del cuerpo agregando cierta holgura. La *holgura básica* sólo permite la amplitud adicional que facilite el movimiento, resulte cómoda y tenga una buena caída. La *holgura de diseño* es la cantidad de tela que se agrega por el diseño mismo, como en los pliegues, y varía según el estilo del patrón o la moda del momento. Ya sea que se agregue por comodidad o para mejorar el aspecto de la prenda, la holgura le asegura una prenda bien ajustada y atractiva.

Los pantalones a la izquierda son un buen ejemplo de la holgura básica. Hay suficiente amplitud para moverse, sentirse cómoda y tener una buena caída. La amplitud adicional que forman los pliegues en los pantalones a la derecha es una muestra de holgura de diseño.

¿Qué es un buen ajuste?

Cuando usa pantalones que le entallan bien, usted se siente cómoda al estar de pie, sentarse, caminar o al agacharse. Al usar los pantalones no se forman arrugas porque la prenda se jale, ni se hacen dobleces por exceso de tela.

Normas de ajuste

Los pantalones ajustan suavemente de la línea de la cintura a la entrepierna.

El tiro es lo bastante alto para no colgarse, pero lo suficientemente bajo para permitir movimientos hechos con comodidad.

La curva del tiro de los pantalones se adapta a esta área del cuerpo sin jalar la tela.

El doblez queda al hilo longitudinal de la tela, perpendicular al suelo, a la mitad entre la costura lateral y la interior. Si el estilo incluye pliegues o tablones, el doblez es una prolongación del doblez exterior del pliegue principal.

El hilo transversal de la tela es perpendicular en la línea de la cadera y en la de la rodilla.

La línea de la cintura descansa en la propia cintura y es paralela al piso, ya sea que esté sentada o parada.

Los pliegues se adaptan a la forma del cuerpo.

Las pinzas quedan planas contra el cuerpo, apuntando a la parte más llena de las caderas, terminando por lo menos a 2.5 cm (1") arriba de la parte más llena.

Las costuras laterales son rectas, caen perpendicularmente al piso dividiendo visualmente al cuerpo.

Las piernas de los pantalones están balanceadas, con la tela distribuida en forma pareja alrededor de las piernas.

Los dobladillos cambian con el estilo y la moda, aunque los pantalones largos se extienden hasta la parte superior del talón por la parte de atrás, o de 2.5 a 5 cm (1" a 2") del piso y tocan la parte superior del zapato por el frente.

Cómo relacionar el patrón con el cuerpo

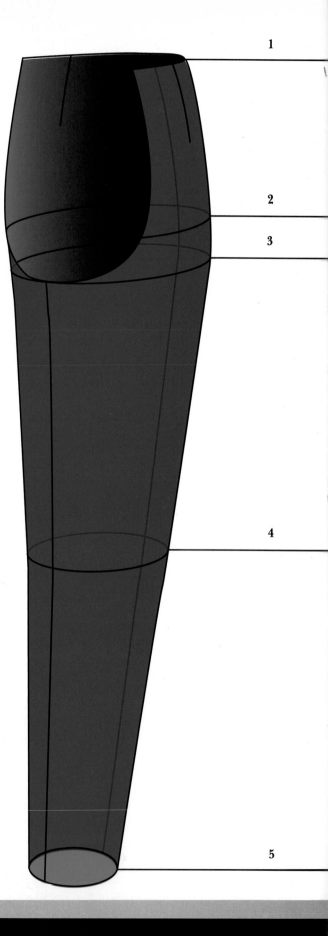

Coser pantalones bien ajustados resulta más fácil cuando se entiende la relación entre el patrón y el cuerpo. El patrón tiene líneas rectas y curvas que corresponden a las líneas del cuerpo. Las medidas o dimensiones del patrón corresponden a las medidas del cuerpo, aumentando la holgura necesaria para el movimiento y la propia del diseño. Para modificar el patrón de un pantalón se agrega o se quita espacio en aquellas áreas que difieren de las medidas del cuerpo, aumentando la holgura. Trate de ver el patrón como un mapa bidimensional de su cuerpo tridimensional.

1) **La línea de la cintura** en el patrón, con las pinzas o pliegues doblados hacia afuera, corresponde a la línea natural de la cintura en el cuerpo.

2) **La línea de las caderas** en el patrón corresponde a la parte más amplia de las caderas en el cuerpo, vista en un plano lateral.

3) **La línea de la entrepierna** en el patrón corresponde a la entrepierna en el cuerpo.

4) **La línea de la rodilla** en el patrón corresponde a la rodilla en el cuerpo.

5) **La línea del dobladillo** en el patrón corresponde a la ubicación deseada en el cuerpo, dependiendo del estilo de los pantalones.

6) **La línea lateral de la costura** en el frente del patrón, de la línea de la cintura a la línea de la entrepierna, corresponde a las medidas de la entrepierna en el cuerpo.

7) **Las pinzas y pliegues** en la parte superior del patrón se ajustan a la cintura y parte alta de la cadera.

8) **La línea de costura del tiro al frente** del patrón, desde la línea de la cintura hasta la curva de la entrepierna, corresponde al ángulo del cuerpo desde la cintura hasta la línea de la cadera. La línea de costura, en esta área, es recta.

9) **La curva del tiro** en el patrón corresponde a la curva del cuerpo en esta área; la costura de la entrepierna se curvea en el frente y parte trasera, y es recta entre una y otra.

10) **La línea trasera de costura de la entrepierna,** desde la línea de la cintura hasta la curva misma de la entrepierna, corresponde en el patrón al ángulo del cuerpo tomado desde la cintura hasta la parte más llena del *derrière* (glúteos) y la línea de costura es recta en esta área.

1

2

3

4

5

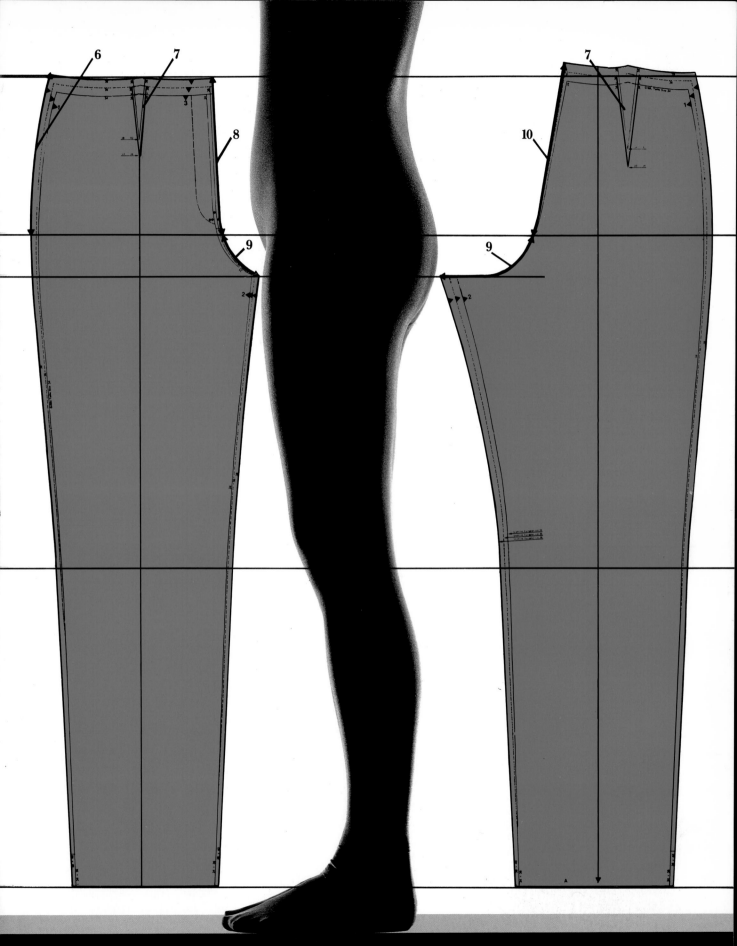

Cómo tomar medidas

Las medidas se toman sobre la ropa interior que normalmente se usa. Ate un resorte angosto o cordón alrededor de su cintura como señal desde dónde va a medir. Si es necesario, inclínese lateralmente para determinar la línea natural de la cintura. El cordón debe quedar apretado pero no en exceso. Párese distribuyendo su peso en ambos pies. Descanse y tome su posición normal.

Es importante tomar bien las medidas, de modo que conviene que le ayude una amiga. Para mayor seguridad, utilice una cinta métrica que no esté deshilachada ni deformada. Registre sus medidas en la Tabla para ajuste de pantalones (páginas 30 y 31), comparando sus propias medidas con las del patrón para determinar los lugares del patrón en que necesite hacer ajustes.

Las medidas horizontales son las circunferencias de la cintura y cadera. Para tomarlas, pegue la cinta al cuerpo manteniéndola paralela al piso.

Las medidas verticales son la profundidad de la entrepierna, el largo de la misma, la altura de la cadera, y las medidas de la cintura a la rodilla y de la cintura al tobillo. Para tomar estas medidas, haga que la cinta quede pegada al cuerpo, perpendicular al piso.

Cómo tomar medidas horizontales

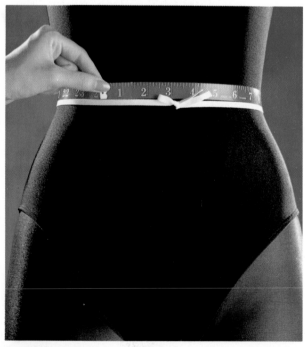

Circunferencia de la cintura. Mida el cuerpo en la cintura natural, donde la señala la cinta de resorte.

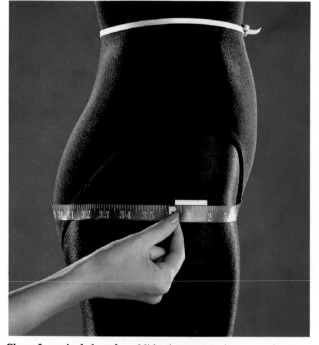

Circunferencia de la cadera. Mida el cuerpo en la parte más amplia de la cadera, vista de lado. Éste es el punto en que el trasero es más amplio. Señale con una cinta adhesiva.

Cómo tomar medidas verticales

Profundidad del tiro. Siéntese derecha en una superficie plana, como una mesa o silla que no tenga ni hueco ni cojín, manteniendo las rodillas en ángulo recto. Mida lateralmente desde el resorte, siguiendo la curva del cuerpo hasta la cadera y después hasta el sitio donde está sentada.

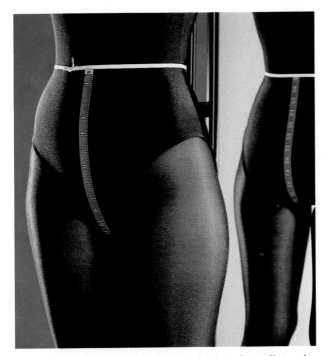

Largo del tiro. Coloque el extremo de la cinta de medir en el centro del frente de la cintura, midiendo por entre las piernas hacia atrás hasta llegar al centro trasero de la cintura. Esta medida debe tomarse pegada al cuerpo.

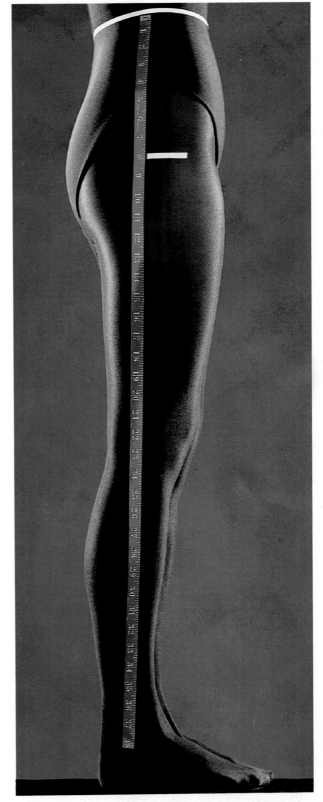

Altura de la cadera, cintura a rodilla y cintura a tobillo. Mida la altura de la cadera por un costado del cuerpo desde la parte inferior del resorte hasta el punto en que se midió la circunferencia de la cadera. Siga midiendo hasta el centro de la rodilla para tomar la medida de la cintura a la rodilla y siga hasta la parte inferior del hueso del tobillo para la medida de cintura a tobillo.

Tabla de ajustes de pantalones

Para determinar los ajustes que tiene que hacer en su patrón, empiece por registrar las medidas de su cuerpo en la tabla que aparece a continuación. (Probablemente desee copiarla en lugar de escribir en el libro.)

Agregue después la cantidad de "Holgura necesaria" a las "Medidas del cuerpo", a fin de conocer las "Medidas del cuerpo más holgura". Seleccione la medida de holgura más pequeña de la escala que se recomienda si prefiere que la ropa le quede muy pegada al cuerpo, o la medida mayor si le agrada mayor holgura en la prenda.

Las "Medidas del patrón" y los "Ajustes necesarios" se anotarán durante el proceso de ajuste del patrón (páginas 50 a 59).

Analice la forma de su cuerpo comparándolo con las medidas del tipo de figura promedio que se muestra en la página opuesta; dibuje o anote cualquier variación entre su cuerpo y el tipo estándar de figura en las siluetas de frente y de perfil.

Llene la forma que aparece a la derecha con el nombre correspondiente, la fecha y el patrón. Anote posteriormente cualquier problema de ajuste que haya tenido anteriormente. La información que aparece en estas dos páginas le proporciona un registro completo para usos futuros.

Tabla para ajuste de pantalones

	Profundidad del tiro	De la cintura a la rodilla	De la cintura al tobillo	Circunferencia de la cintura
Medidas del cuerpo				
Holgura necesaria	1.3 cm (1/2") si la cadera mide menos de 94 cm (37") 2 cm (3/4") si las caderas miden de 94 a 102 cm (37" a 40") 2.5 cm (1") si las caderas miden 102 cm (40") o más	no requiere holgura	no requiere holgura	2.5 a 5 cm (1" a 2")
Medidas del cuerpo más holgura				
Medidas del patrón				
Ajustes necesarios				

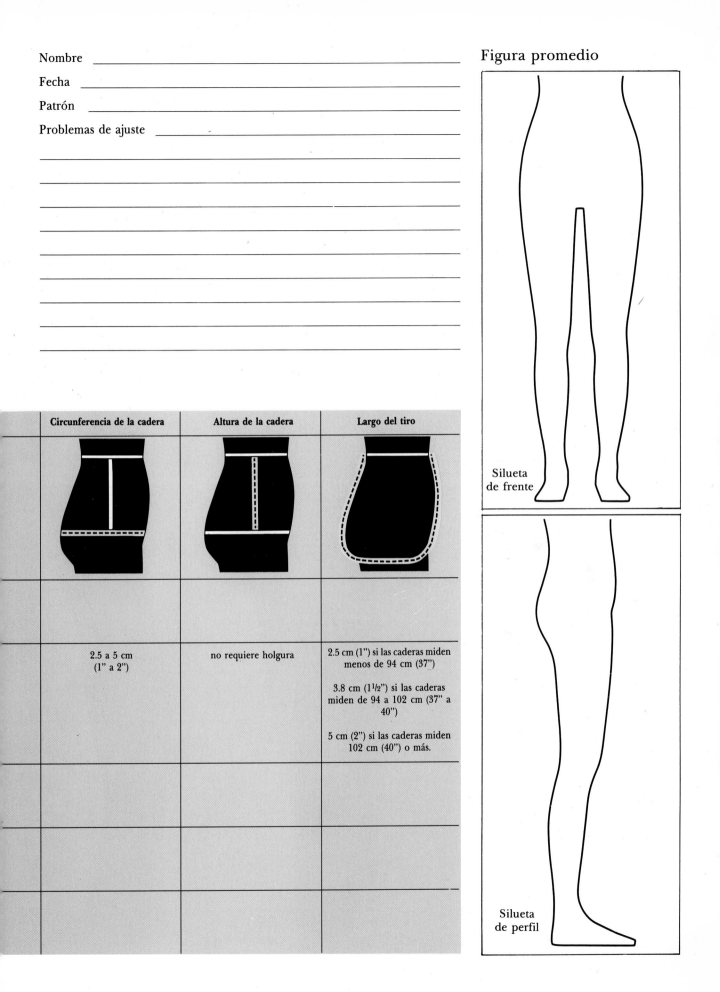

Nombre _____

Fecha _____

Patrón _____

Problemas de ajuste _____

_____

_____

_____

_____

_____

_____

_____

_____

_____

Figura promedio

Silueta
de frente

Silueta
de perfil

Circunferencia de la cadera	Altura de la cadera	Largo del tiro
2.5 a 5 cm (1" a 2")	no requiere holgura	2.5 cm (1") si las caderas miden menos de 94 cm (37") 3.8 cm (1½") si las caderas miden de 94 a 102 cm (37" a 40") 5 cm (2") si las caderas miden 102 cm (40") o más.

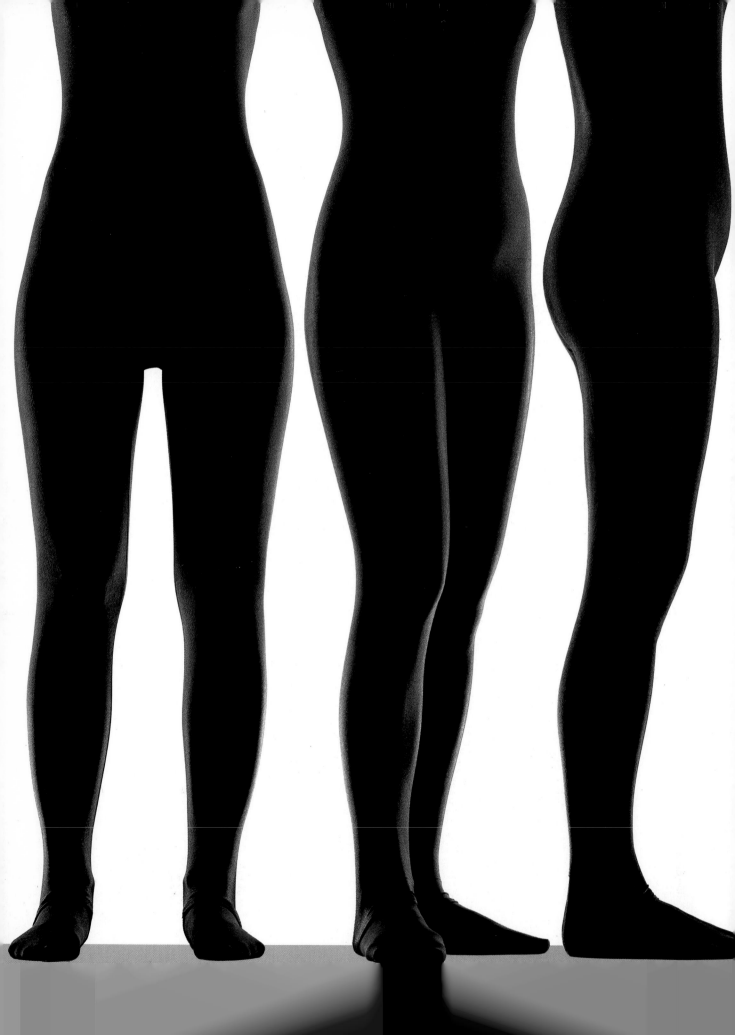

Cómo analizar su figura

Las medidas de su cuerpo sólo indican un aspecto de éste. El mismo pantalón entalla diferente en dos cuerpos con medidas idénticas. La postura influye también en la caída que tienen los pantalones. Muchos problemas de ajuste son el resultado de las variaciones en la postura, como las que aparecen abajo: una inclinación de la cadera hacia atrás, en ocasiones llamada lordosis, o una inclinación de la cadera hacia adelante. Es indispensable hacer un análisis detallado del propio cuerpo para obtener información importante, necesaria como complemento de sus medidas.

Para hacer este análisis, párese frente a un espejo usando sólo ropa interior y analice el contorno general de su cuerpo, frente y costado. Utilice las preguntas que aparecen a la derecha para ayudarse a analizar su figura. Dibuje o anote sus observaciones en la página 31.

Este paso es importante si va a comprender plenamente la manera en que el contorno del cuerpo se relaciona con la forma de su patrón. Mientras más objetiva pueda ser, más le ayudarán sus observaciones para crear un patrón para pantalón que en verdad corresponda a la forma de su cuerpo, asegurándole un pantalón bien ajustado. Un buen entalle siempre favorece más que las arrugas y pliegues que apuntan a las áreas problema.

Los pantalones que ahora posee, ya sean comprados o confeccionados con base en un patrón, le ayudarán a descubrir la manera cómo su figura difiere de la figura promedio (página 31). Pregúntese qué problemas de ajuste se le presentan con mayor frecuencia.

En las páginas 34 a 42 se encuentran ejemplos de los problemas comunes de ajuste, así como los ajustes necesarios en los patrones para corregirlos. Lea completamente todos los ejemplos a fin de que comprenda mejor la relación entre la forma del patrón y el ajuste del pantalón.

El primer paso para corregir un problema es identificarlo. Tenga presente que probablemente tiene una combinación de problemas de ajuste, que requerirán más de un ajuste. Cuando haya identificado los problemas de ajuste, haga las anotaciones del ajuste.

Preguntas que le ayudarán a analizar su figura

Silueta del frente
¿**Es** su cintura mucho más angosta que sus caderas o son casi del mismo ancho?

¿**La** parte más alta de sus caderas queda más alta o más baja que el promedio?

¿**Son** sus muslos más anchos que la parte más llena de sus caderas?

¿**Quedan** rectas sus piernas cuando se para cómodamente con el peso distribuido de manera pareja? ¿Se arquean hacia afuera de las rodillas y hacia abajo o se acercan una a otra?

¿**Tiene** una cadera más alta que la otra o queda su línea de cadera paralela al suelo? Si una cadera está visiblemente más alta, deberá tomar la profundidad de la cadera y entrepierna por separado para ambos lados.

Silueta de perfil
¿**Tiene** abdomen prominente? Si es así, ¿cuánto mide la parte más llena de su abdomen?

¿**Tiene** un *derrière* plano o redondeado? ¿Cuánto mide la parte más prominente?

¿**Se** inclinan sus caderas hacia adelante o caen hacia atrás? ¿Cómo se alinean sus caderas en relación con una plomada imaginaria que vaya del costado de la línea de la cintura hacia el suelo?

Analice su postura

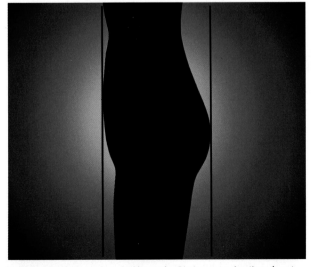

Inclinación de la cadera hacia atrás. Si tiene un *derrière* prominente, vea si también hay cadera con inclinación hacia atrás.

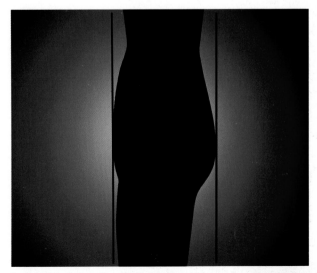

Inclinación de la cadera hacia adelante. Si tiene la cadera inclinada hacia adelante, vea si tiene un *derrière* plano. Tal vez los muslos también sobresalen al frente o el adbomen es prominente.

Línea de la entrepierna corta

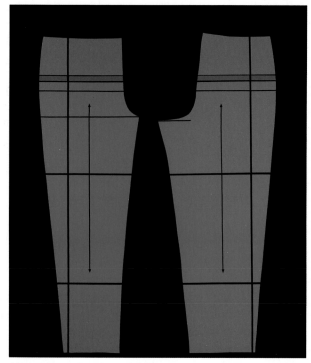

Problema. La distancia de la línea de la cintura a la entrepierna es menor que el promedio, lo que ocasiona que los pantalones cuelguen demasiado en el área de la entrepierna. Los pantalones se abolsan y se forman pliegues innecesarios justo abajo de la entrepierna.

Ajuste. Acorte las piezas del frente y trasero del pantalón una medida igual sobre la línea de la cadera (página 52).

Línea de la entrepierna larga

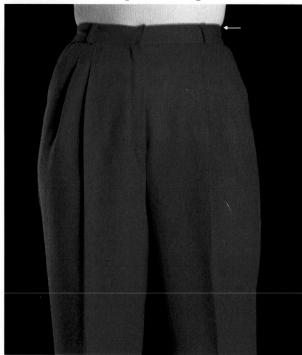

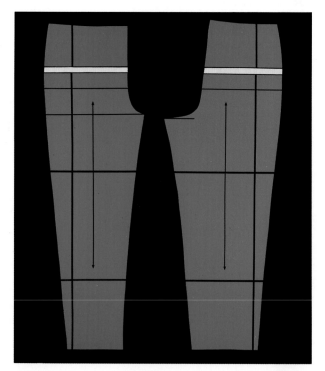

Problema. La distancia de la línea de la cintura a la entrepierna es mayor que la estándar, haciendo que los pantalones se jalen en el área de la entrepierna. Se forman arrugas señalando a la entrepierna y la línea de la cintura de los pantalones no llega a la cintura natural (flecha).

Ajuste. Aumente una medida igual en el trasero y frente del pantalón, encima de la línea de la cadera (página 52).

Piernas cortas

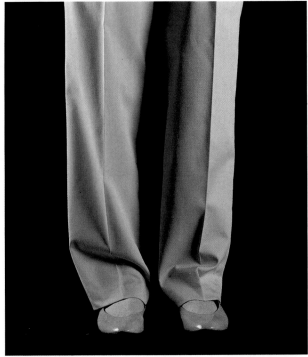

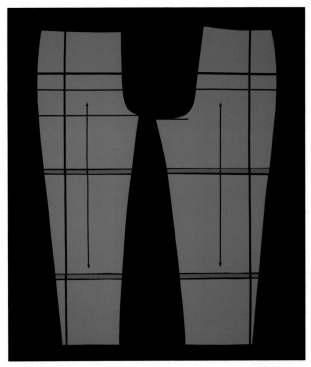

Problema. Las piernas son más cortas que el promedio, haciendo que las piernas del pantalón queden muy largas.

Ajuste. Acorte en forma igual las piezas del frente y trasero del pantalón, sobre la rodilla y debajo de ésta (página 53).

Piernas largas

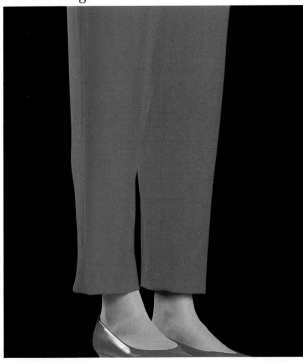

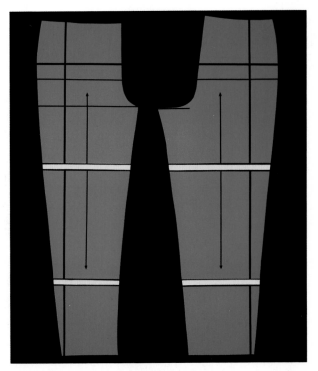

Problema. Las piernas son más largas que el promedio, haciendo que las piernas del pantalón queden demasiado cortas.

Ajuste. Alargue las piezas del frente y trasero del pantalón en medidas iguales sobre y abajo de la rodilla (página 53).

Cintura pequeña

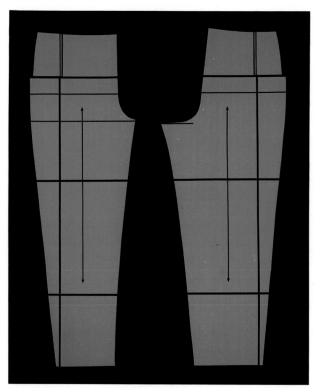

Problema. La cintura es más pequeña de lo normal, haciendo que sobre tela en la cintura. La pretina queda demasiado floja.

Ajuste. Traslape en tantos iguales las secciones superiores de las piezas del frente y trasero del patrón (página 54).

Cintura ancha

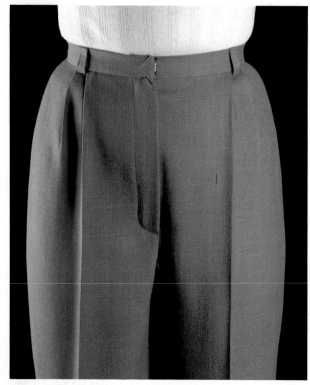

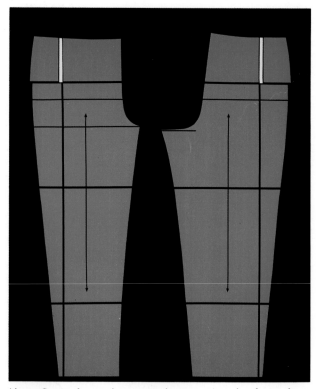

Problema. La cintura es más grande de lo normal, haciendo que la pretina apriete demasiado o no cierre bien.

Ajuste. Separe las secciones superiores en tantos iguales, en las piezas del frente y trasero del patrón (página 54).

Caderas pequeñas

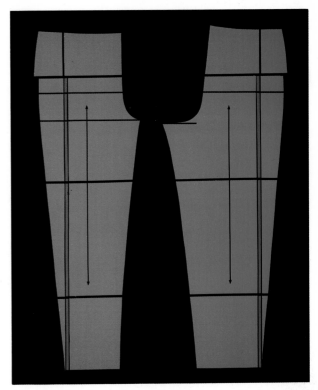

Problema. Las caderas son más pequeñas que lo normal, haciendo que se formen arrugas verticales en el área de las caderas y que los pantalones se abolsen en las costuras laterales.

Ajuste. Traslape las secciones inferiores en tantos iguales, en las piezas del frente y trasero del patrón (página 55).

Caderas amplias

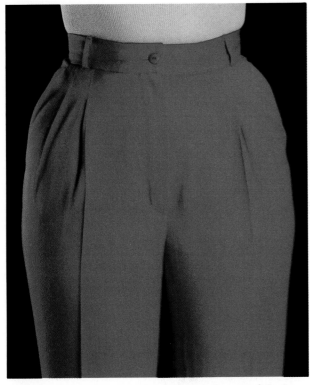

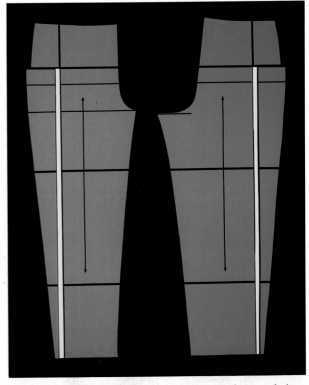

Problema. Las caderas son más amplias que lo normal, haciendo que se formen arrugas transversales en el área de la cadera y que las aberturas de los bolsillos y los pliegues se estiren.

Ajuste. Separe tantos iguales en las secciones inferiores de las piezas delantera y trasera del patrón (página 55).

Derrière prominente

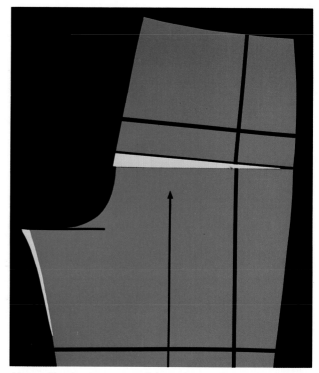

Problema. El *derrière* es más prominente que el promedio, haciendo que los pantalones se bajen en la línea de la cintura y se jalen a lo ancho de los glúteos. Las arrugas destacan lo protuberante de las caderas.

Ajuste. Abra la pieza trasera del patrón para formar una cuchilla a la altura de la línea de la cadera (páginas 57 y 58). Tal vez necesite alargar la punta trasera de la entrepierna (página 59).

Derrière plano

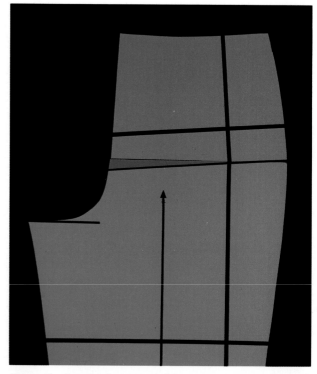

Problema. El *derrière* es más plano que lo normal, haciendo que los pantalones se cuelguen. Los pantalones se abolsan bajo los glúteos y se forman arrugas verticales en la línea de la cintura.

Ajuste. Traslape la pieza trasera del patrón para hacer una cuchilla a la altura de la línea de la cadera (páginas 57 y 58). Posiblemente tenga que acortar la punta trasera de la entrepierna (página 59).

Abdomen prominente

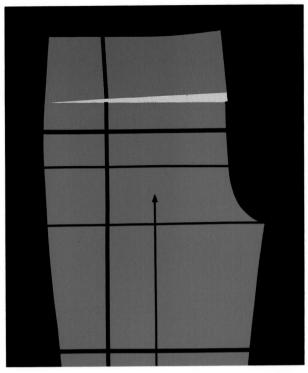

Problema. El abdomen es más prominente que el promedio, haciendo que los pantalones se entierren en el delantero de la cintura y se jalen a lo ancho del abdomen. Se forman arrugas que remarcan la protuberancia. Las costuras laterales se jalan al frente, deformando los pliegues.

Ajuste. Abra la pieza del frente del patrón para hacer una cuchilla en la parte más amplia del abdomen (páginas 57 y 58).

Los muslos sobresalen al frente

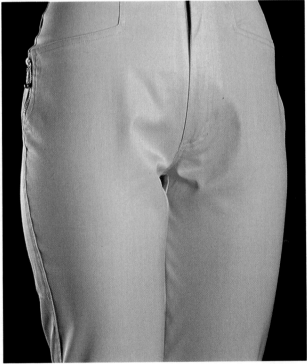

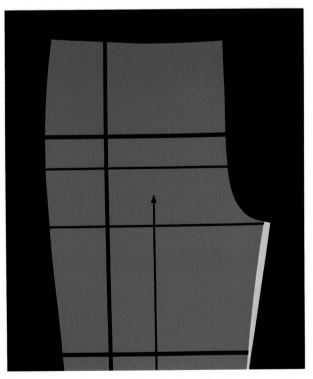

Problema. Los muslos sobresalen al frente más de lo normal, haciendo que los pantalones se jalen transversalmente en el área de la entrepierna. Los pliegues no caen derechos.

Ajuste. Alargue la punta de la entrepierna (página 59).

Las rodillas se juntan

Problema. Las piernas se inclinan hacia adentro a la altura de las rodillas. Los pantalones se pegan a la rodilla por la costura central, haciendo que se formen líneas diagonales. El problema se nota más en la parte de atrás.

Ajuste. Mueva las secciones por abajo de la línea de la rodilla hacia la costura interior, tantos iguales en el trasero y frente del patrón (páginas 54 y 55).

Piernas arqueadas

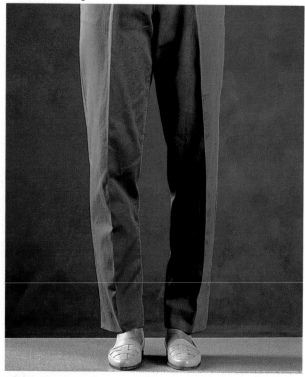

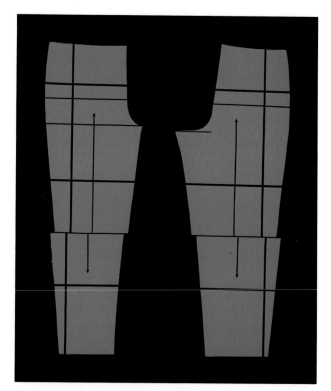

Problema. Las piernas se arquean hacia afuera de las rodillas y hacia abajo. Los pantalones se pegan a la pierna por los lados, a la altura de la rodilla o más abajo de ésta, formando líneas diagonales.

Ajuste. Mueva las secciones por debajo de la línea de la rodilla hacia la costura lateral, tantos iguales en el frente y trasero del pantalón (páginas 54 y 55).

Para combinar los ajustes

La mayoría de las personas requieren más de un ajuste. Los siguientes ejemplos le ayudarán a ver la forma como puede hacer diferentes ajustes en un sólo patrón.

Muslos amplios

En ocasiones, al hacer un ajuste en un patrón se resuelve más de un problema de entalle. Por ejemplo, si escoge su patrón según la medida de cadera y hace los ajustes necesarios para un *derrière* prominente o muslos gruesos al frente, el patrón resulta automáticamente lo bastante amplio para los muslos gruesos.

En la combinación de ajustes que se muestra más abajo, el patrón se ajusta tanto para un *derrière* prominente como para muslos que sobresalen al frente, lo que hace que el largo de la entrepierna sea mayor, proporcionando simultáneamente ancho adicional en el área de los muslos.

Inclinación de la cadera

Cuando se hacen ajustes para un *derrière* prominente, se ajusta el patrón para una inclinación hacia atrás de la cadera sin hacer una operación separada. Si la cadera se inclina hacia el frente, haga los ajustes necesarios para un *derrière* plano y para muslos que sobresalgan al frente o abdomen prominente, si es necesario.

Al combinar los ajustes que aparecen en la página 42, se ajusta el patrón para una entrepierna larga, cintura pequeña, caderas anchas y *derrière* prominente. Si la cadera está inclinada hacia atrás, no hace falta un ajuste para caderas inclinadas hacia atrás.

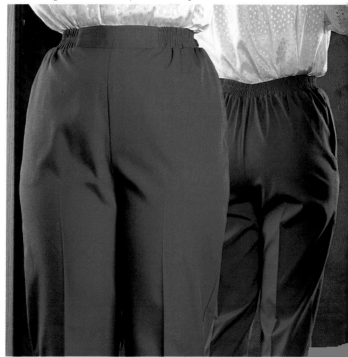

Derrière prominente y muslos que sobresalen al frente

Problema. Un *derrière* prominente hace que los pantalones se bajen a la altura de la cintura en la espalda y se jalen a lo ancho del *derrière*, formando arrugas que destacan la protuberancia. Cuando los muslos sobresalen al frente y las caderas se ensanchan, los pantalones se jalan a la altura de los muslos y frente de la entrepierna. Se forman arrugas horizontales en el área de la entrepierna y los pliegues no caen rectos.

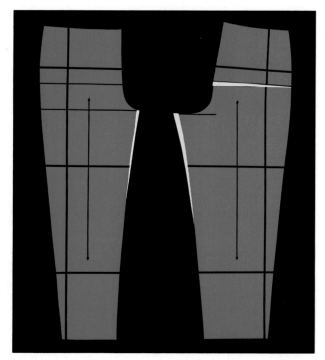

Ajuste. Para un *derrière* prominente, haga una cuchilla en la pieza trasera del patrón a la altura de las caderas (páginas 57 y 58), alargando la punta trasera de la entrepierna (página 59). Si los muslos sobresalen al frente, alargue la punta del frente de la entrepierna (página 59).

Problema. Si el tiro es demasiado largo hace que los pantalones se jalen en el área de la entrepierna y la cintura de los pantalones quede más abajo de la cintura natural. La cintura pequeña hace que sobre tela en la cintura y la pretina quede demasiado floja. Las caderas anchas hacen que se formen arrugas a lo ancho del área de las caderas y tanto los bolsillos como los pliegues se abren. Un *derrière* prominente hace que los pantalones se cuelguen en la espalda a la altura de la cintura, jalándose a lo ancho del trasero y formando arrugas que señalan la forma del *derrière*.

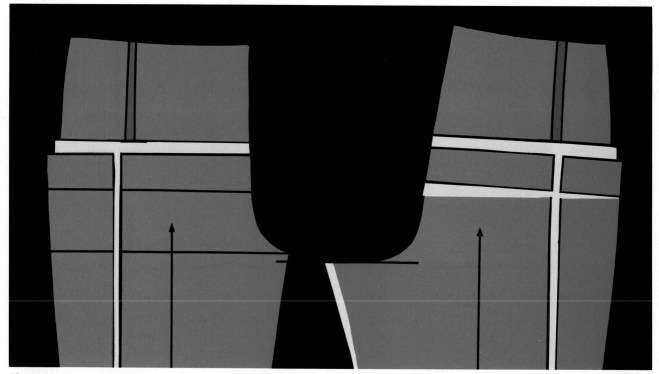

Ajuste. Si el tiro es demasiado corto, alargue tanto la pieza del frente como la del trasero del patrón, en tantos iguales, sobre la línea de la cadera (página 52). Si la cintura es pequeña, encime las secciones superiores en tantos iguales en las piezas del frente y trasero del pantalón (página 54). Cuando las caderas son anchas, abra las secciones inferiores de las piezas del frente y trasero del patrón en tantos iguales (página 55). Para un *derrière* prominente, abra la pieza del trasero del patrón y aumente una cuchilla a la altura de la línea de la cadera (páginas 57 y 58). Probablemente también haga falta alargar el trasero en la punta de la entrepierna (página 59).

Modificación a los patrones

Confeccionar pantalones con ajuste perfecto

Después de tomar las medidas de su cuerpo y analizar su figura, se encuentra lista para transferir esta información al patrón y a la tela. Ajustar los pantalones es un proceso en el que hay que ir paso por paso, ya que abarca tanto las modificaciones al patrón como el entalle de la prenda.

En las páginas que siguen, el proceso de entalle de los pantalones se dividió en cuatro pasos principales. Primero, la preparación del patrón marcando las líneas de ajuste en el patrón mismo. Las modificaciones al patrón se hacen por estas líneas para no distorsionar la forma del patrón o

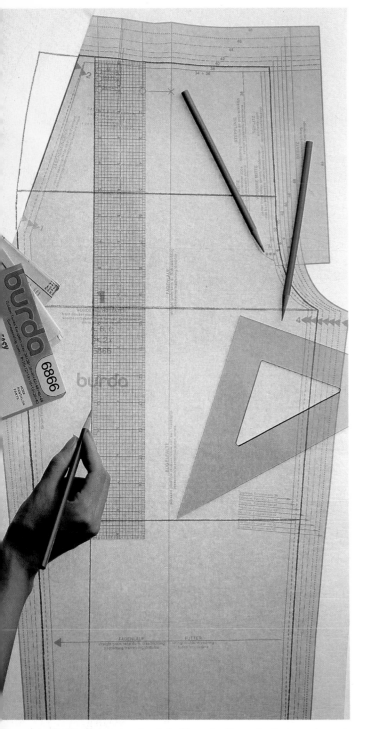

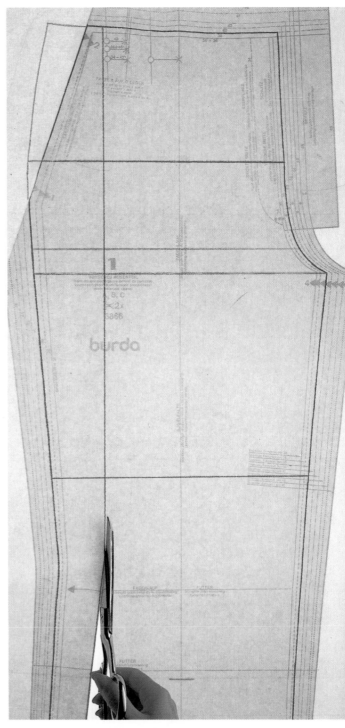

1) Cómo preparar el patrón. Trace las líneas de ajuste en el papel del patrón para prepararlo para hacer las modificaciones (páginas 48 y 49).

2) Cómo hacer los ajustes en el patrón. Para ajustar el patrón a su cuerpo, corte a lo largo de las líneas de ajuste y abra o traslape el papel según las medidas de su cuerpo (páginas 50 a 59).

el diseño. En segundo lugar, el patrón se modifica para que corresponda al propio cuerpo. El siguiente paso es la rectificación del patrón trazando de nuevo las líneas de costura de modo que sean continuas. Se agregan pestañas de costura más amplias para permitir los ajustes del entalle.

Finalmente, se perfecciona la modificación del pantalón haciendo los pequeños ajustes que resulten necesarios. Estos cuatro pasos se han dividido en partes menores para simplificar el proceso de entalle, haciéndolo más fácil de captar.

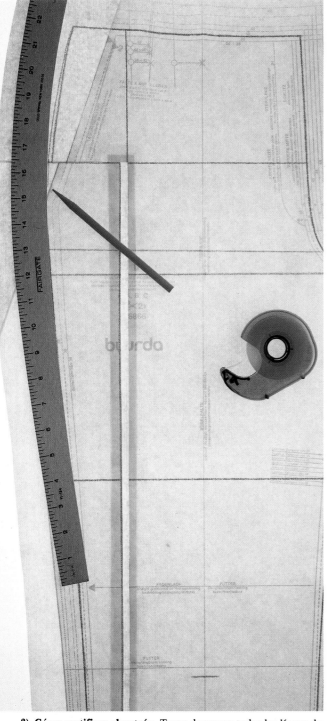

3) Cómo rectificar el patrón. Trace de nuevo todas las líneas de costura que haya modificado en el patrón. Agregue las líneas de corte dejando pestañas más grandes para tener espacio para las modificaciones en el entalle (páginas 60 a 67).

4) Cómo perfeccionar el entalle. Corte los pantalones e hilvánelos a máquina y pruébelos. Haga entonces los ajustes menores necesarios (páginas 70 a 85).

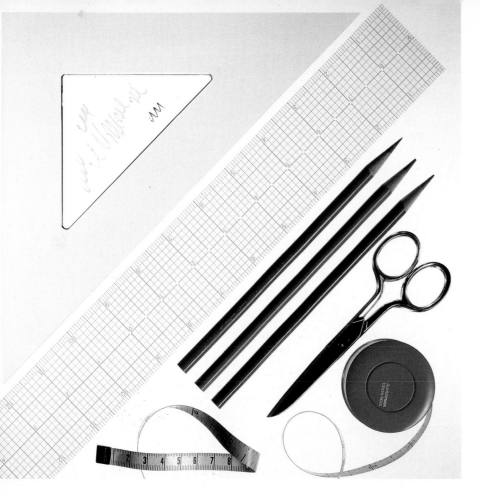

Cómo preparar el patrón

Las modificaciones en los patrones se hacen traslapando o abriendo las piezas del patrón. Se trazan cuatro líneas de ajuste en la pieza del frente del patrón, trazando después líneas que correspondan a éstas en la pieza del trasero. Las modificaciones de largo y ancho se hacen a lo largo de estas líneas, de modo que la forma general del patrón no se distorsione.

Deje alrededor de 5 cm (2") de papel sobrante alrededor de las piezas del patrón, ya que puede necesitarlo para hacer ajustes o rectificar las líneas.

Si el patrón tiene un bolsillo inclinado, utilice la pieza del bolsillo lateral como guía para extender la línea de la cintura o la costura lateral, y así preparar el patrón para los ajustes.

Cómo preparar el patrón para las modificaciones de ajuste

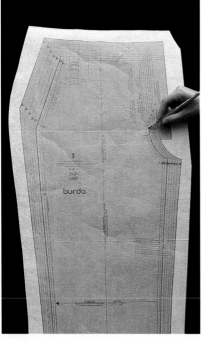 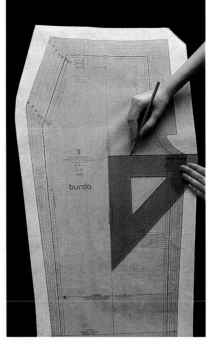 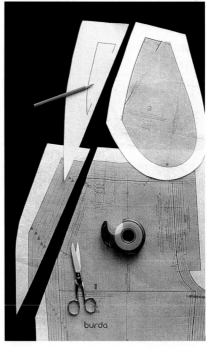

1) Corte las piezas del frente y del trasero del patrón dejando alrededor de 5 cm (2") de papel sobrante. El papel debe estar plano. Si utiliza un patrón multitalla, trace todas las líneas de costura para la talla que haya escogido.

2) Trace la línea del tiro en el delantero del patrón, procurando que quede perpendicular al hilo de la tela desde la punta del delantero de la entrepierna hasta la línea lateral de costura.

3) Trace en otro papel la parte del bolsillo que se extiende de la línea de la cintura a la costura lateral, si se trata de un patrón con bolsillos sesgados. Corte en el delantero del patrón a lo largo de la abertura del bolsillo. Acomode la pieza que trazó en la abertura del bolsillo y pegue en su lugar.

Cómo trazar las líneas de modificación

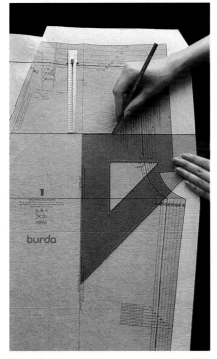

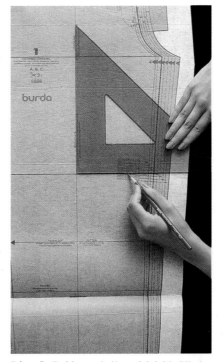

Línea 1. Trace la línea perpendicular al hilo de la tela, 12.5 cm (5") más abajo de la línea de la cintura.

Línea 2. Doble por la línea del dobladillo hacia la línea del tiro para determinar la línea de la rodilla. Señale doblando el papel. Trace una línea a la mitad entre la línea del tiro y la de la rodilla, perpendiculares al hilo de la tela.

Línea 3. Trace una línea a la mitad de la distancia entre la línea de la rodilla y la del dobladillo, perpendicular a la del hilo de la tela.

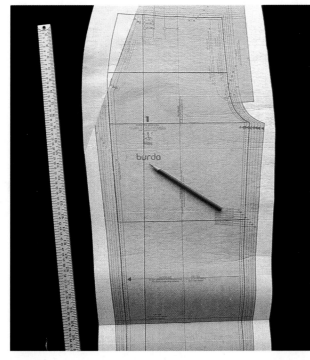

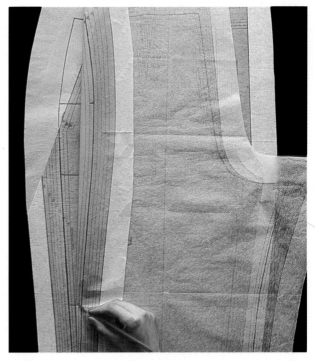

Línea 4. Trace una línea paralela a la del hilo de la tela, que vaya desde la línea de la cintura hasta la línea del dobladillo, a una distancia aproximada de 7.5 cm (3") hacia adentro de la línea de la costura lateral en el área de las caderas. Si es posible, trate de no extender la línea para que no quede dentro del espacio para el doblez o la pinza.

Cómo marcar el trasero del pantalón. Coloque el patrón del trasero del pantalón sobre el patrón del delantero, haciendo coincidir las líneas de costura lateral. Doble hacia atrás la orilla del trasero del pantalón y señale en la costura lateral las líneas 1, 2 y 3. La línea 4 se marca en las líneas para costura de la cintura y del dobladillo. Complete las líneas en el trasero del patrón trazándolas perpendiculares a las del hilo de la tela.

Modificaciones a los patrones

Después de trazar las líneas de ajuste en el patrón, estará lista para modificar los patrones. Es importante seguir la secuencia correcta que se indica abajo, al hacer los ajustes indicados en esta sección. Primero se hacen las modifica-

ciones en el largo, seguidas de cualquier ajuste en el ancho. Termine todas las modificaciones en el largo y ancho en la pieza del frente del patrón y después modifique la pieza del trasero del patrón exactamente en la misma medida.

Secuencia de las modificaciones

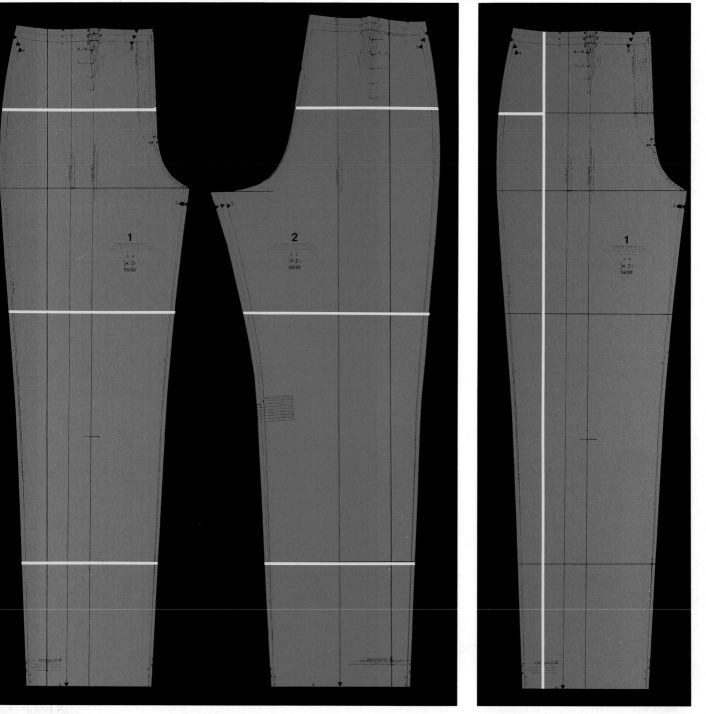

1) Ajustes en el largo. Ajuste la profundidad del tiro (página 52) cuando desee alargar o acortar el patrón entre las líneas de la cintura y del tiro. Alargue o corte después las piernas de los pantalones (página 53) tanto encima como abajo de la línea de la rodilla.

2) Ajustes en el ancho. Modifique el ancho de la línea de la cintura moviendo la sección lateral superior (página 54). Modifique la lí-

Todas las secciones que requieren modificaciones en el largo y ancho se desplazan siempre en forma paralela o perpendicular al hilo de la tela y a otras secciones, para conservar el hilo original de la tela.

Después de completar las modificaciones en el largo y ancho se harán las del largo de la entrepierna, agregando cuchillas o cambiando las puntas de la entrepierna misma.

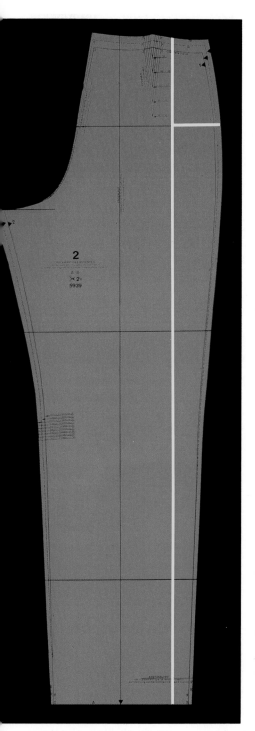

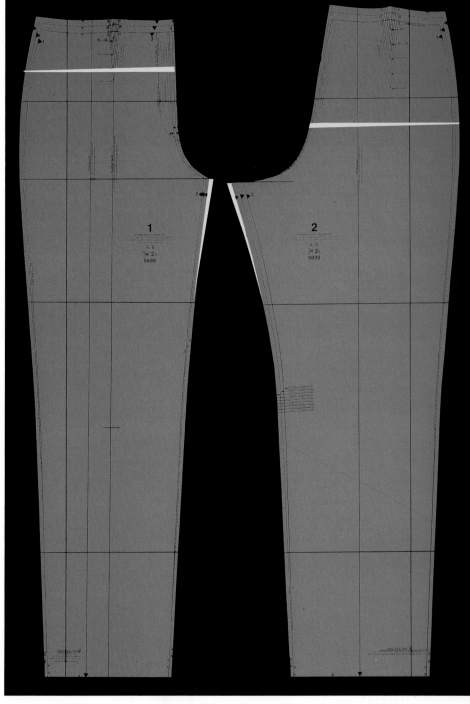

nea de la cadera desplazando la sección lateral inferior (página 55).

3) Ajustes al largo del tiro. El largo del tiro se puede ajustar haciendo cuchillas o cambiando las puntas de la entrepierna (páginas 56 a 59). Pueden ser necesarios uno o ambos tipos de ajuste.

Cómo modificar el largo

Compare las medidas de su cuerpo con las del patrón para conocer los ajustes necesarios en el largo y anotar esta información en la Tabla para ajuste de pantalones (páginas 30 y 31). Si el largo del patrón entre la línea de la cintura y la del tiro requiere ajustes, hágalos primero modificando la profundidad del tiro. Ajuste después el largo de las piernas del pantalón, si es necesario.

Abra o traslape las secciones del patrón a lo largo de la línea de ajuste, cuidando de mantener paralelas las líneas de ajuste.

Cómo ajustar la profundidad del tiro

Compare su propia medida de profundidad del tiro, agregándole la holgura necesaria, con la pieza del frente del patrón a lo largo de la costura lateral. Después de modificar la profundidad del tiro en la parte del frente del patrón, modifique la pieza del trasero del patrón con la misma medida.

Cómo ajustar la profundidad del tiro

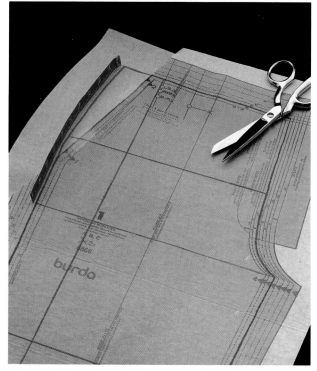

1) Mida a lo largo de la línea lateral de costura de los patrones, desde la línea de la cintura hasta la del tiro. Compare las medidas del patrón con su propia medida de profundidad del tiro, aumentando la holgura, la diferencia le dará la medida del ajuste que hace falta.

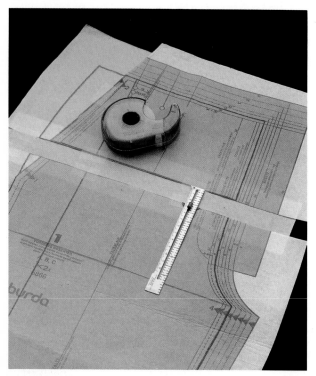

2a) Alargue la profundidad del tiro abriendo el patrón a lo largo de la línea 1. Ajuste la misma medida en el frente y el trasero en tantos iguales.

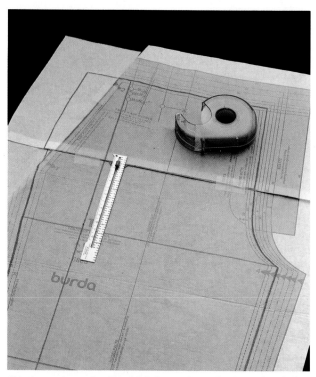

2b) Acorte la profundidad del tiro traslapando el patrón a lo largo de la línea 1. Ajuste la misma medida en el delantero y en el trasero.

Cómo ajustar el largo de las piernas del pantalón

Compare sus propias medidas desde la cintura hasta justo abajo del hueso del tobillo con las de la pieza del patrón desde la línea de la cintura hasta la del dobladillo.

El largo de las piernas del pantalón por lo general se ajusta por igual en las líneas 2 y 3. Ocasionalmente hay diseños de patrones que tienen un detalle de diseño grande que requiere la cuidadosa colocación del detalle en la pierna, como en pantalones que llevan costura en la rodilla o como en los pantalones de montar. En estos casos, la medida que los va a ajustar se reparte de manera desigual en las líneas 2 y 3, de modo que el detalle de diseño quede en el lugar correcto.

El dobladillo normal de los pantalones largos queda justo abajo del hueso del tobillo, aunque los largos pueden cambiar dependiendo del estilo de los pantalones y la preferencia personal.

Cómo ajustar el largo de las piernas del pantalón

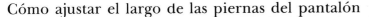

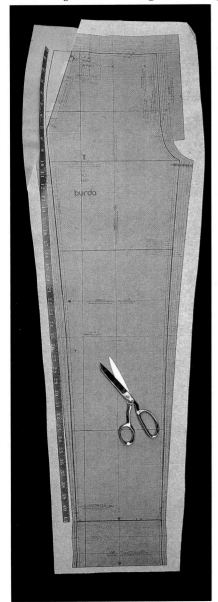
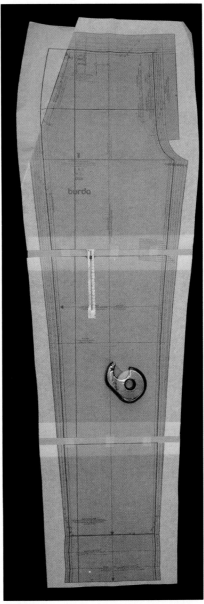

1) **Mida** el patrón a lo largo de la línea lateral de costura desde la línea de la cintura hasta la del dobladillo. Compare las medidas del patrón con las suyas. La diferencia le dará el ajuste necesario.

2a) **Alargue** las piernas de los pantalones abriendo el patrón una medida igual en la línea 2 que en la 3. Ajuste la misma medida en el delantero y en el trasero.

2b) **Acorte** las piernas de los pantalones traslapando el patrón en medidas iguales en las líneas 2 y 3. Ajuste la misma medida en el delantero y en el trasero.

Cómo modificar el ancho

Compare las medidas de su cuerpo con las del patrón para determinar las modificaciones en el ancho que sean necesarias y registre esta información en la Tabla para ajuste de pantalones (páginas 30 y 31). Ajuste el ancho del patrón haciendo las modificaciones necesarias a la línea de la cintura o de la cadera. Abra o traslape las secciones del patrón siguiendo la línea de ajuste y procure conservar paralelas las líneas de ajuste.

Cómo ajustar la línea de la cintura

La medida normal de holgura que se deja en la cintura es de 2.5 cm (1"). Para ello se deja 1.3 cm (½") de tela en la pretina y la medida final de la pretina será 1.3 cm (½") mayor que la medida de su cintura. Si prefiere más holgura, deje 3.8 cm (1½") más para que la pretina mida 2.5 cm (1") más que su cintura.

Si su abdomen es prominente o amplio y las caderas altas, ajuste la línea de la cintura del patrón para que sea 5 cm (2") mayor que su cintura, lo que dará la holgura necesaria en el área bajo la cintura. Durante la prueba se ajustarán las costuras, pinzas o pliegues para afinar el ajuste en la cintura, abdomen y caderas altas.

Si se requiere una modificación de 1.3 cm (½") o menos, puede ajustar la línea de la cintura cambiando el ancho de las pinzas, pliegues o costuras laterales en lugar de modificar el patrón.

Cómo modificar la línea de la cadera

La tolerancia que cada patrón deja en la línea de la cadera es diferente en cada marca de patrones y varía según el estilo de los pantalones.

Aunque haya escogido el patrón según las medidas de la cadera, tal vez sea necesario modificar el patrón en la línea de ésta. Algunos patrones ya traen la línea de la cadera normal señalada en el patrón, pero se sugiere que usted trace su propia línea de la cadera en el patrón después de hacer el ajuste para la profundidad del tiro, a la vez que mide la tolerancia para la cadera.

La medida normal de tolerancia que se deja en la cadera en pantalones que se entallan con pinzas es de 5 cm (2"). Si se trata de pantalones con pliegues, el mínimo será de 2.5 cm (1") y las tallas mayores suelen requerir más. Para determinar la tolerancia que se consideró en un patrón con pliegues, doble los pliegues hacia afuera antes de medir el patrón para eliminar la holgura del diseño. Los pliegues más anchos son más largos que los pliegues cortos, ya que tienen sólo el largo de una pinza.

Después de ajustar el patrón, señale el nuevo centro del hilo de la tela en el patrón y cambie la colocación de los pliegues de modo que la línea de doblez del pliegue mayor quede alineada con el nuevo centro del hilo de la tela.

Cómo hacer modificaciones para piernas arqueadas o que se juntan en las rodillas

Para las piernas arqueadas o rodillas que se juntan, hay que modificar de 1.3 a 3.8 cm (½" a 1½") el patrón. Después de modificar el patrón, señale el nuevo centro del hilo y cambie la colocación de los pliegues de manera que la línea de doblez del pliegue principal se alinee con el nuevo centro de la tela (página 89).

Cómo ajustar la línea de la cintura

1) Doble hacia afuera las pinzas o pliegues. Mida la cintura en el delantero y trasero del patrón. Doble esta medida y compárela con la de su cintura aumentando la holgura. Divida cualquier diferencia entre 4 y ésta será la medida del ajuste.

2a) Aumente la línea de la cintura abriendo la línea 4 por encima de la línea 1 un cuarto de la medida total que necesita. Ajuste la misma medida en el delantero y en el trasero.

2b) Acorte la línea de la cintura traslapando la línea 4 sobre la línea 1 un cuarto del total que necesita. Ajuste la misma medida en el delantero y en el trasero.

Cómo ajustar la línea de la cadera

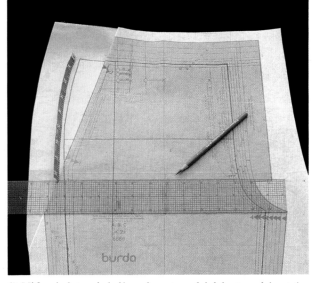

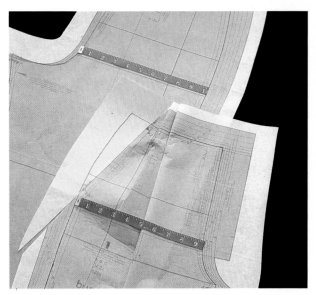

1) Mida a lo largo de la línea de costura del delantero del patrón, desde la línea de la cintura hasta la línea de la profundidad de cadera que anotó en la Tabla para ajuste de pantalones (páginas 30 y 31). Trace la línea de la cadera perpendicular a la del hilo de la tela. Repita en el patrón del trasero.

2) Doble hacia afuera las pinzas o pliegues. Mida la línea de la cadera en el patrón del frente y en el del trasero. Duplique esta medida y compárela con la de su cadera aumentando la holgura. Divida cualquier diferencia entre 4 y esta medida será la que va a ajustar.

Cómo ajustar las piernas arqueadas o las rodillas juntas

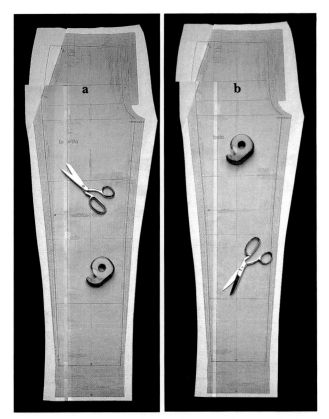

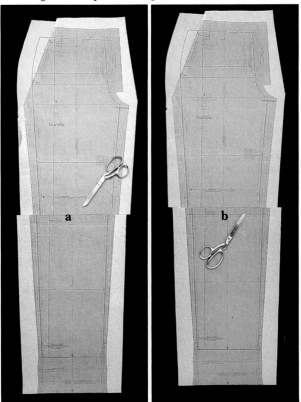

3) Aumente la línea de cadera **(a)** abriendo la línea 4 más abajo de la línea 1 un cuarto de la cantidad total que necesita, o disminuya la línea de la cadera **(b)** traslapando la línea 4 más abajo de la línea 1 un cuarto de la medida total que necesita. Ajuste la misma medida en el delantero y en el trasero. Señale la nueva línea central del hilo de la tela (página 89).

Mida a lo largo de la línea lateral de costura, desde la línea de la cintura hasta la posición de la rodilla que anotó en la Tabla para ajuste de pantalones (páginas 30 y 31). Trace la línea de la rodilla perpendicular a la del hilo de la tela. Desplace la sección inferior de 1.3 a 3.8 cm (¹/₂" a 1¹/₂") hacia la costura lateral si se trata de piernas arqueadas **(a)** o hacia la línea interior de costura para rodillas que se juntan **(b)**. Ajuste la misma medida en el delantero que en el trasero, señale la nueva línea central del hilo de la tela (página 89).

Cómo ajustar el largo del tiro

Compare el largo del tiro en su cuerpo, más la holgura, con el largo del tiro del patrón para determinar los ajustes que sean necesarios. Registre esta información en la Tabla para ajuste de pantalones (páginas 30 y 31). El largo del tiro y el ángulo de esta costura se ajustan basándose en los problemas de ajuste que haya tenido anteriormente y en el análisis visual de su cuerpo.

Hay tres modificaciones de patrón que influyen en el largo del tiro: el cambio de la profundidad del tiro, el hacer cuchillas y el cambio de las puntas del tiro. Si utiliza uno o más de estos ajustes, podrá hacer los cambios en el largo del tiro exactamente en el lugar que los necesita.

La forma como sus pantalones le ajusten le indicará los ajustes necesarios. Por ejemplo, si sus pantalones se cuelgan en la cintura de la espalda, aumente el largo del tiro abriendo una cuchilla para un *derrière* prominente; utilice la medida en que se inclinan los pantalones en la línea de la cintura para saber de qué tamaño hacer la cuchilla. Si sus pantalones se le suben en la parte de atrás de la cintura y le quedan flojos bajo el *derrière*, disminuya el largo del tiro en el trasero al traslapar las piezas para formar una cuchilla para un *derrière* plano.

Lea completamente toda la información sobre modificaciones en el largo del tiro y el ángulo de la costura de la misma antes de hacer cualquier cambio en el patrón. Si se requiere cualquier ajuste en forma de cuchilla, hágalos primero. Calcule después la medida de modificación que aún requiere y ajuste las puntas de la entrepierna.

Si después de hacer los ajustes en la cuchilla y en la punta de la entrepierna el largo de ésta ya modificada se aproxima a lo que necesita, todavía podrá modificar ligeramente el largo del tiro dando nueva forma a la curva del tiro (página 79). Este ajuste final deberá ser hecho durante la prueba, cuando pueda ver realmente cómo le queda el pantalón.

La holgura para el largo del tiro que aparece en la Tabla para ajuste de pantalones le indica cuánto dejar, ya que esta medida es apropiada para un patrón básico o clásico. Las preferencias personales cambian y los diferentes estilos de pantalones requieren diferentes medidas de holgura. Por ejemplo, los pantalones de mezclilla se pegan mucho al cuerpo, en tanto que los pantalones con pliegues profundos requieren mayor holgura.

Cómo determinar el largo de los ajustes del tiro

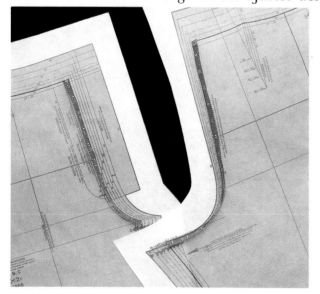

1) Mida las líneas de costura de la entrepierna en el patrón para saber cuál es el largo del tiro del patrón. Compare esta medida con la de su cuerpo, aumentando la holgura. La diferencia es el ajuste que necesita.

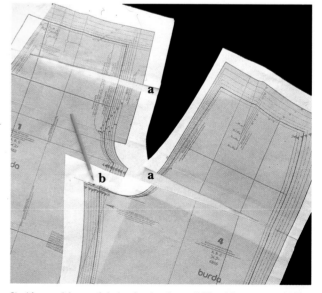

2) Ajuste el largo del tiro haciendo cuchillas (**a**), como se indica en las páginas 57 y 58, o cambiando las puntas de la estrepierna (**b**) como se indica en la página 59. Puede necesitar uno o más tipos de ajuste dependiendo del análisis de su cuerpo.

Ajustes en cuchilla

Abra o traslape el patrón de los pantalones para poder hacer un ajuste en cuchilla. Al hacerlo, podrá ajustar el largo del tiro y el ángulo de la costura trasera del tiro para un *derrière* prominente o plano. Abra el patrón para hacer una cuchilla cuando se trate de un abdomen prominente. Para un abdomen plano no se requieren ajustes, ya que nunca se traslapan las cuchillas en la pieza del frente del patrón. Los ajustes en cuchilla se hacen con frecuencia combinándolos con modificaciones en las puntas de la entrepierna para lograr el largo correcto en la medida del tiro, así como el ángulo adecuado en la costura del mismo.

El tamaño de la cuchilla depende de cuánto difiera su cuerpo del promedio. Si hay una ligera protuberancia en el *derrière* o en el abdomen, abra un poco el patrón, en tanto que si hay mayor prominencia, la cuchilla debe ser más grande. Si su *derrière* es plano, traslape la cuchilla en la parte trasera de la línea de la cadera. Cuando traslapa o separa el patrón un poco, cambiará bastante la manera como los pantalones le queden.

Si tiene un *derrière* plano y abdomen prominente, necesita traslapar la cuchilla en el trasero y ampliar la cuchilla en el frente.

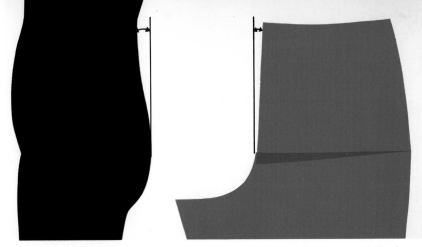

Derrière plano. Traslape la pieza del trasero del pantalón para hacer una cuchilla de ajuste, lo que acorta el largo del tiro reduciendo el ángulo hacia la cintura del patrón, de modo que corresponda al ángulo del cuerpo.

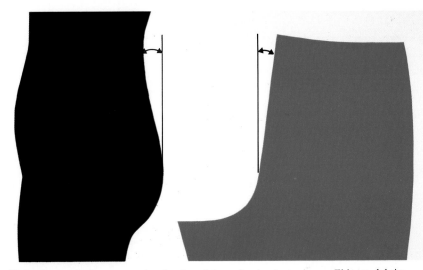

El *derrière* normal corresponde a la pieza del patrón sin ajuste alguno. El largo del tiro no requiere ajuste en el área del *derrière*, correspondiendo el ángulo del patrón al del cuerpo.

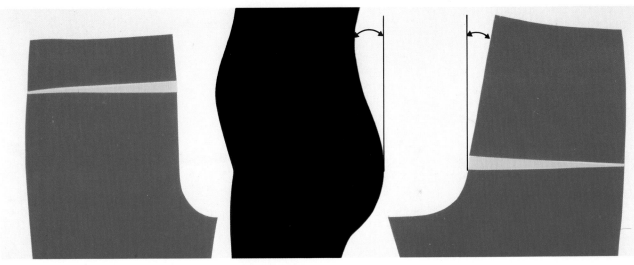

Derrière y abdomen prominentes. Extienda la pieza del trasero del pantalón para hacer una cuchilla de ajuste para un *derrière* prominente. Esto alargará el tiro aumentando el ángulo hacia la cintura del patrón, de modo que corresponda al ángulo del cuerpo. Abra la pieza del delantero del patrón para hacer una cuchilla de ajuste para un abdomen prominente. Esto alargará la medida del tiro dejando más espacio para el abdomen. Trace de nuevo la línea de costura del tiro de modo que el ángulo de la costura no cambie, página 58, paso 3.

Cómo hacer cuchillas de ajuste para un *derrière* prominente o plano

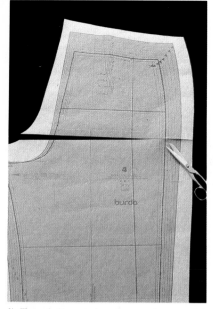

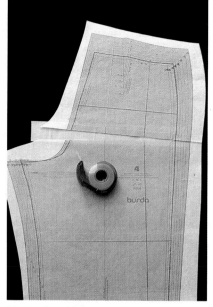

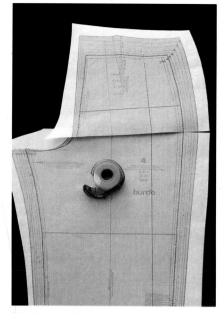

1) Trace la línea de la cadera en el trasero del pantalón, página 55, paso 1. Haga un corte en el patrón a la altura de la línea de la cadera desde la línea del tiro hasta la línea de costura, sin cortarla. Corte desde la orilla del papel en la línea de costura de la cadera hasta la línea lateral de costura, cuidando de no separar por completo el patrón.

2a) *Derrière* **prominente.** Abra el pantalón por la línea que cortó, un máximo de 3.8 cm (1¹/₂"), girándolo en la línea lateral de costura. Si se requiere un mayor largo para el tiro, alargue la punta de la entrepierna, página opuesta.

2b) *Derrière* **plano.** Traslape el patrón sobre la línea que cortó, girándolo en la línea de costura lateral. Para un ajuste mayor, traslape el patrón hasta que la línea de costura del centro trasero esté paralela a la del hilo de la tela. El largo adicional del tiro se quita en el extremo trasero de la entrepierna.

Cómo hacer cuchillas de ajuste para un abdomen prominente

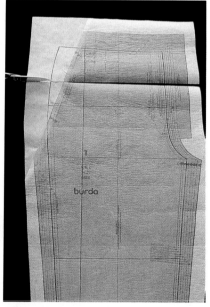

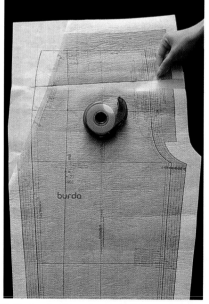

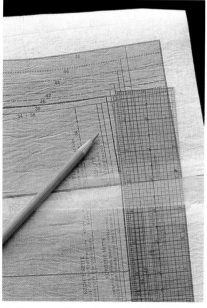

1) Trace una línea en el frente del patrón en la parte más amplia del abdomen, alrededor de 7.5 cm (3") más abajo de la línea de la cintura, paralelo a la línea 1. Haga un corte en el patrón en la línea que va del centro delantero hasta llegar a la línea de costura lateral, sin cortarla. Corte desde la orilla del papel por la línea de ajuste hasta la línea de costura lateral, cuidando de no dividir el patrón.

2) Extienda el patrón por la línea que cortó, hasta un máximo de 3.8 cm (1¹/₂"), girándolo en la línea de costura lateral. Si requiere más longitud para la entrepierna, alargue la punta de la entrepierna trasera, página opuesta.

3) Trace una línea siguiendo la línea de costura del tiro desde abajo de la cuchilla hasta la línea de la cintura. Este ajuste aumenta también ligeramente la línea de la cintura. El ancho adicional se lleva con holgura a la pretina o se aumenta a las pinzas o pliegues del frente.

Cómo ajustar las puntas de la entrepierna

Las puntas de la entrepierna del patrón se ajustan para dar cabida a muslos gruesos y protuberantes al frente, así como para lograr el largo correcto del tiro cuando haga otras modificaciones. Por ejemplo, si va a ajustar la punta trasera de la entrepierna además de agregar una cuchilla para un abdomen prominente, tendrá que ajustar la punta trasera de la entrepierna, así como cuando ajusta para un *derrière* prominente.

Cuando el ajuste se hace por muslos prominentes al frente, la punta del frente de la entrepierna se puede alargar hasta 1.3 cm (½") más. Si se trata de ajustes para muslos gruesos, consulte la página 41. Todos los otros ajustes en la punta de la entrepierna se hacen en la punta del molde del trasero. Las piezas del frente y atrás se ajustan por separado, ya que probablemente deba acortar una y alargar la otra.

El tipo de patrón que seleccione hace una diferencia en la cantidad de cambios que necesite en las puntas de la entrepierna derecha. Si hace falta un mayor largo en la entrepierna después de hacer los ajustes en cuchilla y los cambios en las puntas de ésta, mida de nuevo para verificar la exactitud de la profundidad y largo de las medidas del tiro. En ocasiones es necesario aumentar ligeramente la profundidad del tiro o dar nueva forma a la curva del tiro (página 79).

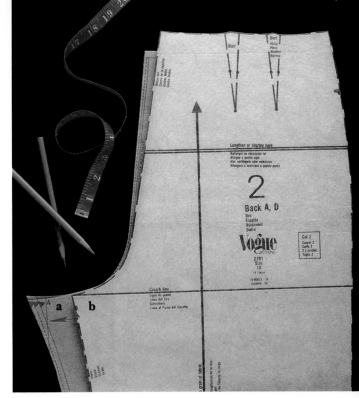

Los extremos de la entrepierna varían en los distintos patrones, dependiendo del tipo que seleccione. Los patrones que tienen un extremo trasero más largo en la entrepierna **(a)** se pueden aumentar hasta 5 cm (2"). Los patrones que los tienen más cortos **(b)** se pueden alargar en el extremo de la entrepierna hasta 8.1 cm (3¼").

Cómo cambiar la colocación de las puntas de la entrepierna

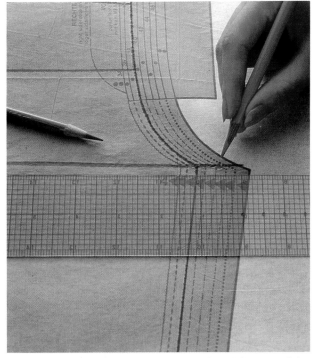

Cruce del tiro en el delantero. Alargue la línea del tiro en el delantero del patrón hasta el cruce del tiro. Alargue el cruce del tiro del delantero midiendo desde el punto original, a lo largo de la línea del tiro, haciendo los ajustes necesarios hasta un máximo de 1.3 cm (½"). Si hace falta mayor largo, aumente la medida del cruce trasero del tiro.

Cruce del tiro en el trasero. Trace una línea que pase por el cruce trasero del tiro, paralelo a la Línea 1, extendiéndola alrededor de 10 cm (4") a ambos lados de la costura interior. Alargue o acorte el cruce trasero del tiro midiendo desde el cruce original, a lo largo de la línea del tiro y señale el ajuste que necesita.

Cómo rectificar los patrones

Después de hacer todos los ajustes, hay que trazar de nuevo todas las líneas de costura en las áreas que ajustó. Esto se llama *rectificación*.

En los patrones, las líneas de costura son rectas o curvas. Las costuras del frente y trasero del tiro desde la cintura hasta la curva del tiro siempre se rectifican en línea recta. Las costuras laterales más allá de la línea de la cadera y las costuras interiores debajo de la línea de la rodilla, por lo general se rectifican en línea recta.

Cuando se rectifica el patrón, posiblemente sea necesario ajustar el ángulo o profundidad de los pliegues y pinzas.

Para las líneas rectas se utiliza una regla larga y las reglas de corte curvas ayudan a la rectificación de los trazos curvos. Siempre es preferible la regla curva de metal especialmente diseñada para la industria de la moda, ya que las orillas interior y exterior tienen curvas ligeramente diferentes.

Después de rectificar el patrón, la forma de cada línea de costura deberá parecerse a la línea original del patrón. Aumente las pestañas para costura utilizando las normas de las páginas 66 y 67, siempre antes de cortar y coser los pantalones.

Cómo rectificar la línea de la cintura (ajuste en la línea de la cintura o de la cadera)

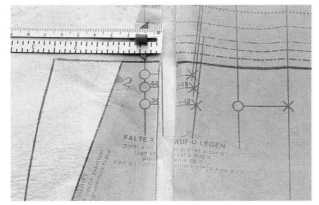

1) Ajuste los pliegues o pinzas al ancho original que tenían si es que se modificaron al ajustar la línea de la cintura.

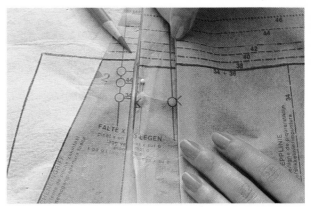

2) Doble las pinzas o pliegues en la dirección en que vaya a plancharlos mientras confecciona la prenda. Lleve la línea ligeramente curveada hasta la cintura real.

Cómo rectificar la línea de la cintura (ajuste para un abdomen prominente)

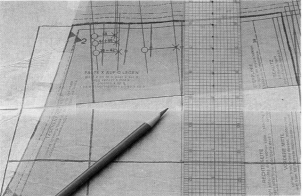

1) Trace de nuevo el doblez exterior del pliegue mayor sobre la línea de ajuste de la cuchilla, de modo que la parte exterior del doblez quede sobre la línea central del hilo de la tela. Ajuste la profundidad y ángulo de los pliegues o pinzas. Doble los pliegues o pinzas en su lugar.

2) Elimine la prominencia en el centro del delantero trazando una línea de 2.5 cm (1") de largo en ángulo recto con la línea de costura del tiro previamente ajustada, página 58, paso 3. Trace una línea ligeramente curva, disminuyéndola hasta que encuentre la línea de costura del costado y del centro, a que se una a la cintura real.

Cómo rectificar las líneas laterales de costura

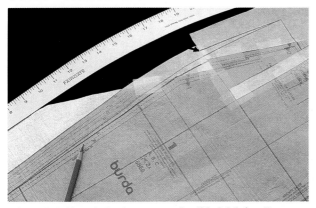

Ajuste de la línea de la cintura o profundidad del tiro. Trace una línea ligeramente curva desde la línea de la cintura hasta la línea lateral de costura ya rectificada, pasando por el centro de la abertura (flecha). Extienda la línea hasta la línea de la cadera o un poco más, a fin de obtener una línea suave en el trazo. Rectifique la línea lateral de costura por debajo de la línea de la cadera, siguiendo la forma original del patrón. Haga lo mismo con la parte trasera del molde.

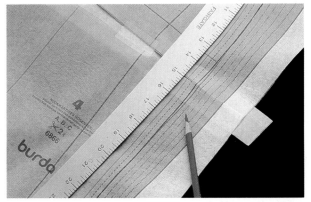

Ajuste en cuchilla. Trace una línea ligeramente curva para rectificar la línea lateral de costura, eliminando las entradas que se formaron al hacer la cuchilla.

Cómo rectificar las costuras interiores

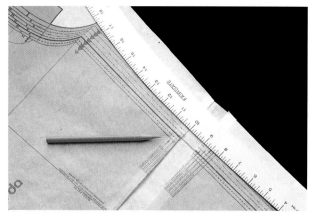

Ajuste al largo del frente de la pierna. Trace una línea ligeramente curva para rectificar la costura interior desde el extremo de la entrepierna pasando por el centro de la abertura en la línea 2 hasta el área de la rodilla. Rectifique la costura interior por debajo del área de la rodilla siguiendo la forma original del patrón.

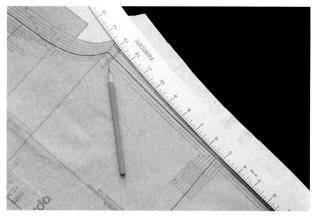

Ajuste del cruce delantero del tiro. Trace una línea ligeramente curva para rectificar la costura interior desde el nuevo cruce del tiro hasta el área de la rodilla.

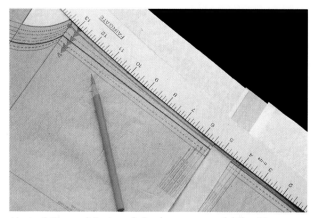

Ajuste del largo delantero de la pierna y cruce del tiro. Trace una línea ligeramente curva para rectificar la costura interior desde el nuevo cruce del tiro hasta el área de la rodilla. No trace una nueva línea de costura por el centro de la abertura en la línea 2. Rectifique la costura interior bajo el área de la rodilla siguiendo la forma original del patrón.

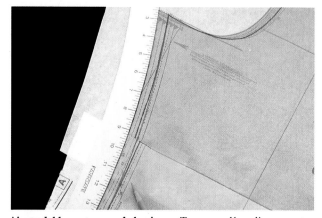

Ajuste del largo trasero de la pierna. Trace una línea ligeramente curva para rectificar la costura interior desde el cruce del tiro pasando por el centro de la abertura en la línea 2. Prolónguela hasta un punto intermedio entre la línea 2 y la línea de la rodilla. Rectifique la costura interior debajo del área de la rodilla siguiendo la forma original del patrón.

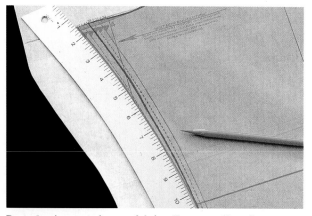

Pequeño ajuste en el cruce del tiro. Trace una línea ligeramente curva desde el cruce del tiro hasta la costura interior. Llegue hasta la línea de costura original cerca de la línea 2. Una la nueva costura interior en un punto ligeramente más bajo si también ajustó el largo de la pierna y rectifique la costura interior bajo el área de la rodilla siguiendo la forma original del patrón.

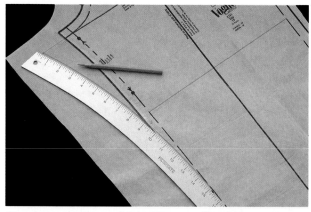

Ajuste mayor en el cruce del tiro. Trace una línea ligeramente curva para rectificar la costura interior desde el cruce del tiro, disminuyendo hasta la costura interior original ligeramente sobre el área de la rodilla.

Cómo rectificar la línea de costura del delantero del tiro

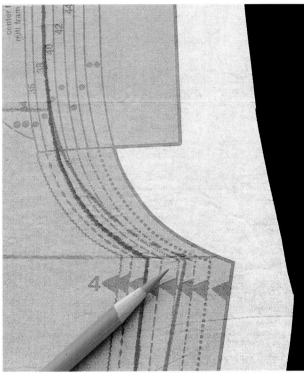

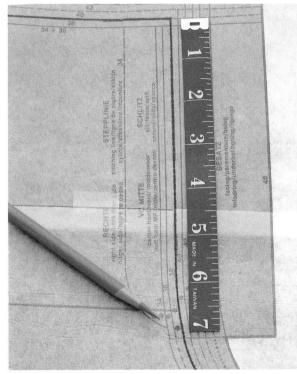

1) Rectifique la línea de costura del tiro desde el sitio en que empieza a curvarse, extendiéndola hasta el nuevo cruce del tiro.

2) Ajuste la vista de la braqueta para una abertura del cierre de 18 a 23 cm (7" a 9"), si es que alargó o acortó la profundidad del tiro.

Cómo rectificar la línea de costura del trasero de la entrepierna

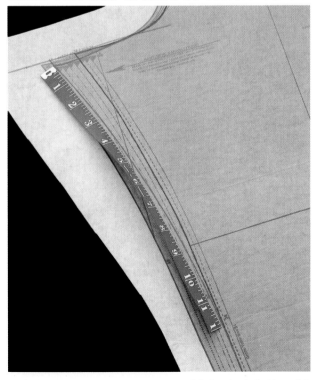

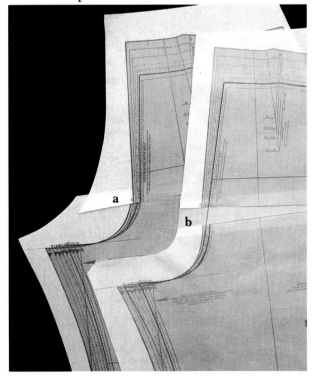

1) Mida el largo de la costura interior del tiro desde la línea del tiro hasta el fin de la rectificación si ajustó el cruce del tiro y mida la nueva línea interior de costura en la misma área. La diferencia entre ambas medidas es la cantidad que deberá bajar el cruce del tiro. Rectifique la curva del tiro hasta el nuevo cruce de ésta.

2) Rectifique la línea desvanecida que va de la línea de la cintura a la de la cadera, curvándola hasta el cruce del tiro. Si hizo alguna cuchilla de ajuste, la curva será diferente dependiendo de si traslapó la cuchilla **(a)** o la abrió **(b)**.

Cómo rectificar la costura de un bolsillo lateral

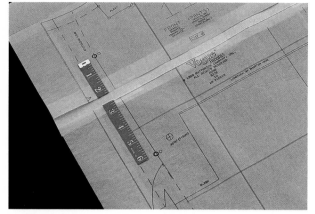

1) Mida el largo de la abertura del bolsillo original en el delantero del patrón.

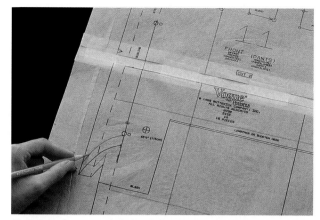

2) Señale el extremo inferior de la abertura del bolsillo abriendo el largo de la abertura original. Trace de nuevo la orilla inferior de la extensión del bolsillo. Rectifique la línea de costura de la extensión en línea recta. Si hizo algún ajuste en cuchilla, rectifique la línea de la cintura. Si se trata de bolsillos con refuerzo, vea los pasos 2 y 3 en la página opuesta.

Cómo rectificar un bolsillo sesgado sin refuerzo

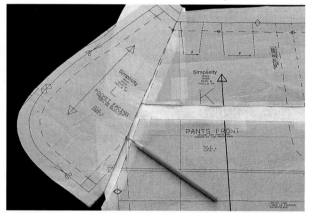

1) Alinee la vista del bolsillo con la línea de la cintura y case el extremo inferior de la abertura del bolsillo con la costura lateral ya rectificada. Señale el extremo inferior de la abertura del bolsillo en el frente del patrón.

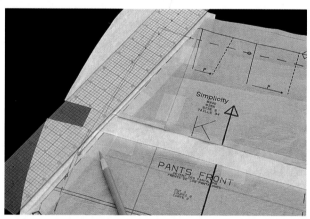

2) Trace una nueva línea de costura para la abertura del bolsillo, utilizando una regla.

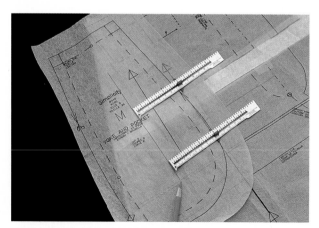

3) Doble hacia abajo del delantero del patrón por la línea de costura de la abertura del bolsillo. Coloque la pieza del bolsillo lateral sobre el delantero del patrón, casando las marcas para las aberturas. Trace una nueva línea para el hilo de la tela en la pieza del bolsillo lateral, paralela a la línea en el frente del patrón.

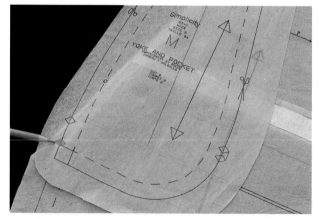

4) Trace las marcas del patrón en la pieza del bolsillo lateral. Repita los pasos 3 y 4 para la vista del bolsillo. Si hizo cuchillas de ajuste, rectifique la línea de la cintura si es necesario como se hace para el bolsillo con refuerzo, pasos 2 y 3 de la página opuesta.

Cómo rectificar un bolsillo sesgado con refuerzo

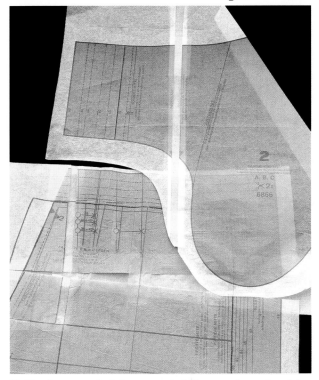

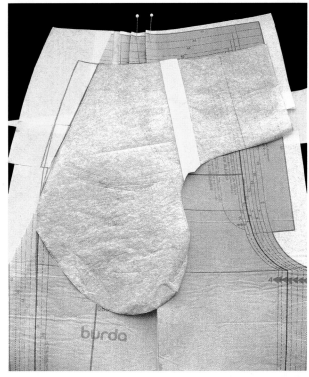

1) Siga los pasos 1 al 4 para un bolsillo sesgado, en la página opuesta. Si ajustó el ancho en el delantero del patrón, corte la parte de la vista del refuerzo paralela al hilo de la tela. Ajuste el ancho de la vista del bolsillo en la misma medida que para el frente del patrón.

2) Doble hacia afuera los pliegues o pinzas, si es que hizo cuchillas de ajuste en el delantero del patrón. Acomode la vista del bolsillo sobre el delantero del patrón, alineándola con las líneas de costura ya rectificadas en la abertura del bolsillo y en la costura lateral. (El patrón se recortó por las líneas de costura para mostrar el detalle.)

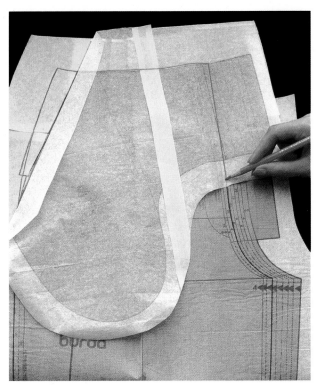

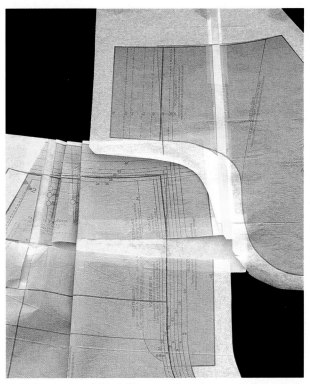

3) Trace la nueva línea de costura en la línea de la cintura y la nueva línea del centro del delantero, si es que ajustó el ancho o hizo una cuchilla de ajuste en el delantero del patrón.

4) Voltee la vista del bolsillo y transfiera las nuevas líneas de la cintura y delantero del patrón al lado derecho de éste. Rectifique la orilla inferior de la vista del bolsillo.

Cómo aumentar pestañas para costura y dobladillo a los pantalones

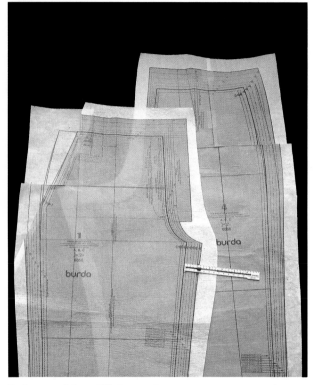

1) Agregue 2.5 cm (1") de pestañas para costura tanto en las costuras laterales como en las interiores.

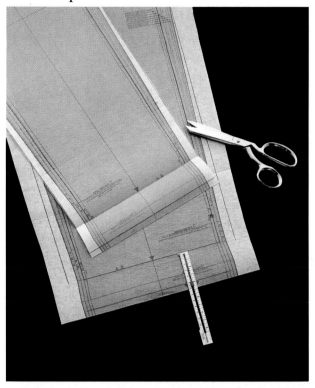

2) Agregue 5 cm (2") de tolerancia para pestaña en la línea del dobladillo si se trata de pantalones sin valencianas. Doble el patrón por la línea del dobladillo y recorte el patrón por las líneas de corte.

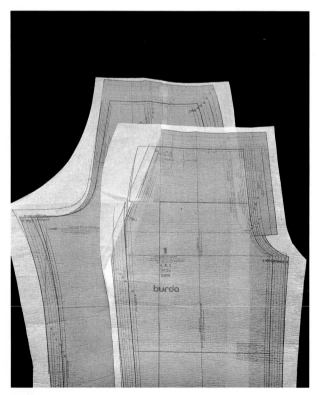

3) Agregue 3.8 cm (1½") en el centro delantero para la vista de la bragueta. Aumente pestañas para costura de 1.5 cm (⅝") en las costuras delantera y trasera del tiro y en la abertura del bolsillo oblicuo.

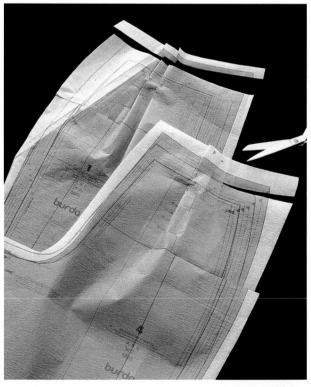

4) Agregue 2.5 cm (1") para pestañas en la línea de la cintura. Doble las pinzas y pliegues en la dirección en que las va a planchar, casando las señales, y recorte el patrón por la línea de corte para rectificar pinzas y pliegues.

Cómo aumentar pestañas para costura a los bolsillos

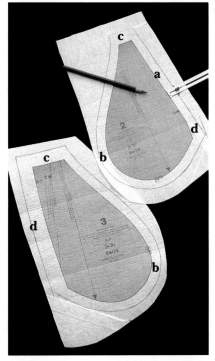

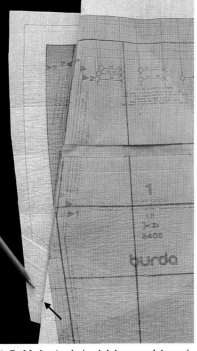

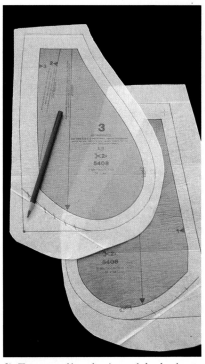

Bolsillo oblicuo. 1) Agregue una pestaña para costura de 1.5 cm (⁵/₈") a la abertura para el bolsillo **(a)** en la vista del bolsillo hasta las orillas curvas **(b)** de ambas piezas del bolsillo. Agregue pestaña para costura de 2.5 cm (1") en la línea de la cintura **(c)** y en la línea lateral de costura **(d)** de ambas piezas.

2) Doble hacia abajo el delantero del patrón por la línea de costura de la abertura del bolsillo; acomode la abertura en la línea en que se debe colocar sobre la pieza del bolsillo lateral. Señale con un punto la línea lateral de corte (flecha). Extienda 2.5 cm (1") la pestaña en la pieza del bolsillo hasta el punto, si es necesario.

3) Trace una línea horizontal desde el punto hasta la línea curva de corte en la pieza del bolsillo lateral. Repita para la vista del bolsillo.

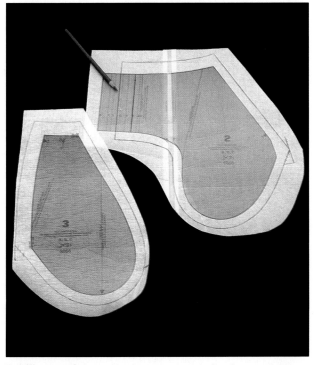

Bolsillo con refuerzo. Siga los pasos 1 a 3 indicados anteriormente. Aumente 2.5 cm (1") para pestaña de costura más allá del centro del delantero.

Bolsillo en costura lateral. Agregue 1.5 cm (⁵/₈") de pestaña para costura a fin de bajar el extremo de la abertura del bolsillo y haga lo mismo con la extensión del bolsillo.

Cómo prepararse para la prueba

Después de hacer las modificaciones en el patrón, estará lista para coser los pantalones. En lugar de coser unos pantalones de prueba, puede confeccionarlos en la tela elegida. Prepare la tela encogiéndola previamente antes de coserla, utilizando el cuidado recomendado por el fabricante. Esto impedirá que los pantalones encojan o se frunzan en las costuras. Para preencoger tela que requiere lavado en seco, utilice una plancha de vapor y vaporícela en forma pareja, dejando que seque bien extendida y en forma plana.

Corte y marcaje

Corte los pantalones dejando pestañas para costura de 2.5 cm (1") en la línea de la cintura, costuras laterales e interiores, lo que facilita cualquier ajuste menor que pudiera necesitar. Acomode las piezas del frente y trasero del pantalón siguiendo las indicaciones en la hoja de instrucciones. Si una pieza de bolsillo va a estar visible al usar los pantalones, como en la pieza lateral para un bolsillo oblicuo, córtela de la misma tela que el pantalón. Las vistas de los bolsillos las puede cortar de tela de forro para que hagan menos bulto.

En lugar de modificar la pieza del patrón correspondiente a la pretina para que le ajuste, señale el ancho y largo de la pretina en la tela. El ancho normal de una pretina terminada es de 3.2 cm (1¼"), aunque algunos estilos de pantalones tienen pretinas más anchas. Si tiene caderas al-

tas y amplias, le puede resultar más cómoda una pretina de 2.5 cm (1") o menos. La pieza de la pretina se corta más larga de lo necesario, pero se recorta al largo correcto cuando la confecciona (página 107).

Para hacer el marcaje, utilice puntadas de sastre. No use pluma de marcar ni gis para transferir las marcas del patrón, ya que las señales que deja una pluma de marcar no se pueden planchar y el gis puede desaparecer durante las pruebas. Conserve las puntadas de sastre en su lugar, aun después de hilvanar los pantalones a máquina, para que le sirvan como referencia para transferir al patrón cualquier ajuste hecho durante la prueba.

Cómo hilvanar a máquina los pantalones

Si el pantalón tiene doblez, resulta más fácil colocar el doblez con exactitud planchando ligeramente por la línea central antes de hilvanar los pantalones. Si no lleva doblez, señale el hilo de la tela al centro con un hilván a mano.

Después puede hilvanar a máquina el pantalón para la prueba, utilizando de seis a ocho puntadas por cada 2.5 cm (1 pulg.) de modo que fácilmente pueda hacer pequeños ajustes en las líneas de costura. Planche ligeramente las costuras hasta que queden planas, para revisar con más facilidad la forma como entalla la prenda.

Cómo cortar los pantalones

1) Corte la pretina a lo largo del orillo, 11.5 cm (4½") más de largo que la medida de la cintura y el ancho del doble de la medida que desea que tenga ya terminada, agregándole 2.2 cm (⅞").

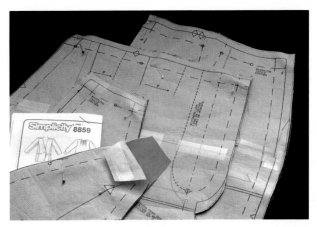

2) Siga la hoja de instrucciones del patrón para acomodar sobre la tela el resto de los moldes del pantalón. Corte las pestañas como se marcaron (páginas 66 y 67). La pieza del bolsillo lateral para un bolsillo oblicuo se corta de la tela de los pantalones. Los forros de los bolsillos se cortan de la tela del forro.

Cómo marcar los pantalones

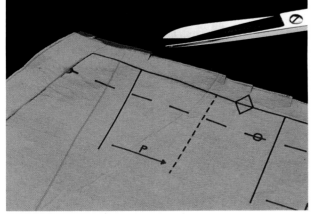

1) Haga un pequeño corte de 6 mm (¼") en la pestaña de costura para señalar el centro del frente, la terminación de las pinzas y pliegues, y las muescas.

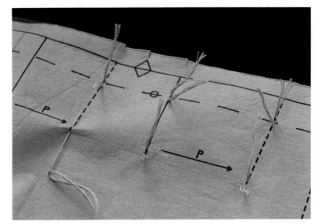

2) Haga todas las otras marcas del patrón con puntadas rápidas de sastre, abajo, incluyendo las pinzas, pliegues, abertura de los bolsillos y parte inferior de la abertura del cierre. Ponga marcas también en los extremos del frente y atrás de la entrepierna.

Cómo hacer rápidamente puntadas de sastre

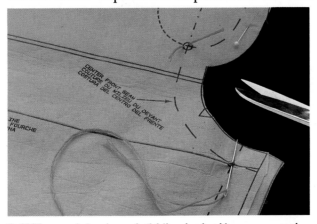

1) Utilice una hebra larga de 6 hilos de algodón para remendar o hilo para bordar. Pase la puntada por la marca del patrón, dejando un sobrante de hilo de 2.5 cm (1") al principio y al final.

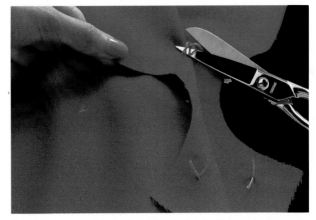

2) Levante con cuidado el patrón de la tela. Separe las capas de tela únicamente 1.3 cm (½"). Recorte los hilos dejando sobrantes de hilo en cada capa de tela.

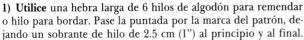

Cómo armar los pantalones para la prueba

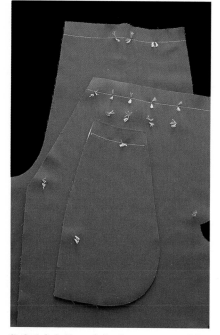

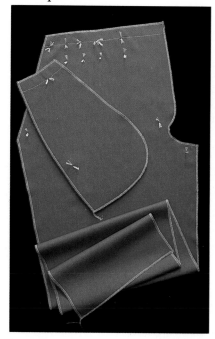

1) **Señale** la línea de la cintura con una hilera de puntadas de hilván.

2) **Acabe** todas las orillas cortadas de la tela que puedan deshilacharse, ya sea con overlock o con puntada de zigzag.

3) **Doble** la pinza, derecho con derecho, casando las marcas. Trace una línea del extremo de la pinza hasta la marca en la línea de la cintura con ayuda de una regla. Prenda la pinza. Hilvane a máquina por la línea. Doble la pinza hacia el centro y planche ligeramente sobre un brazo de sastre.

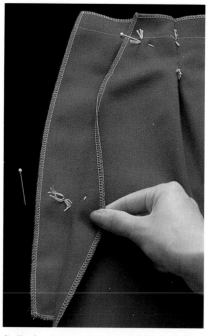

4) **Doble** a la mitad el frente del pantalón casando la costura interior con la lateral desde la orilla inferior hasta el área de la rodilla. Para marcar el doblez, planche ligeramente hasta la línea del tiro si se trata de pantalones con pinzas, o hasta la cintura para pantalones con pliegues. Si no lleva doblez, señale la línea de éste con un hilván a mano.

5) **Case** las marcas de los pliegues, derecho con derecho. Hilvane a máquina el pliegue hasta las señales del patrón. Planche ligeramente en la dirección que éste indique.

6) **Encime** la línea de costura del bolsillo lateral si se trata de un bolsillo oblicuo, casando las marcas en ambos extremos de la línea de costura. Hilvane a máquina por la línea de costura. (Si se incluye un bolsillo para colocar en la costura lateral, no lo fije hasta después de la primera prueba).

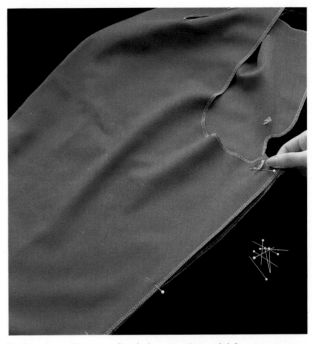

7) **Case** la pierna derecha en el dobladillo y en la cintura las orillas cortadas del derecho del frente y trasero del pantalón y prenda la costura lateral. Haga lo mismo con el lado izquierdo. Hilvane a máquina con costuras laterales de 2.5 cm (1"). Planche ligeramente las costuras laterales utilizando un brazo de sastre en el área de las caderas.

8) **Case** las orillas cortadas de la entrepierna del frente y trasero en la línea de la costura y prenda hasta 20.5 a 25.5 cm (8" a 10") de la línea del tiro. La costura interior trasera tiene 6 mm a 1.3 cm ($1/4$" a $1/2$") menos que la del frente. Estire el resto de la costura trasera interior de modo que las puntadas de sastre casen en el cruce del tiro y prenda. Hilvane a máquina dejando costuras interiores de 2.5 cm (1"). Planche ligeramente.

9) **Voltee** el derecho de una de las piernas hacia afuera, y métalo en la otra pierna. Prenda la costura del tiro por la orilla no cosida en la cintura de atrás, hasta la marca en la parte inferior de la abertura del cierre. Hilvane a máquina a 1.5 cm ($5/8$") de la costura del tiro.

10) **Planche** abierta la costura del tiro, desde la línea de la cintura del trasero hasta la parte más alta de la curva del tiro. Planche el doblez en el centro delantero de la vista superior de la bragueta.

Cómo lograr un ajuste perfecto

Las adaptaciones que hizo en el patrón abarcaron la mayor parte de modificaciones necesarias. Durante la primera prueba podrá hacer cualquier pequeño ajuste que mejore la caída de los pantalones. Es conveniente que una amiga le ayude.

Pruébese los pantalones, prendiendo la abertura central al frente a lo largo de la costura con alfileres y sujete la amplitud de pliegues y pinzas. Sujete con alfileres una tira de cinta elástica de 2 a 2.5 cm (3/4" a 1") alrededor de su cintura y préndala con alfileres a los pantalones, procurando que la orilla inferior del resorte quede a lo largo de la línea de costura.

Utilice un espejo de cuerpo completo y un espejo de mano grande para observar cuidadosamente los pantalones desde todos los ángulos. Consulte las páginas 34 a 42 para ayudarle a evaluar los problemas del entallado.

Cuando ajuste el entalle de los pantalones, elimine primero lo que le quede muy apretado. Los pantalones deben caer desde la cintura con holgura, distribuyéndose en forma pareja en la parte alta de la cadera, la más amplia de la cadera, y las áreas de los muslos. Si los pantalones le quedan muy apretados o se jalan en cualquiera de estas áreas, no podrá ver con facilidad y no será fácil juzgar cómo entallan en otras áreas como la entrepierna. Ajuste la holgura lo necesario.

Si tiene caderas amplias y altas, necesita reformar esa área de las costuras laterales para que se adapten a su cuerpo sin jalar. Si el ajuste de los pantalones es demasiado flojo, ajuste las costuras laterales asegurándose de que conserva la holgura. Los otros ajustes en las costuras laterales pueden hacerse más tarde (páginas 83 a 85).

Cómo soltar o meter en las costuras laterales

Demasiado apretado. 1) Suelte tela de las costuras laterales cuando la abertura central no cierre lisa al prenderla. Revise si queda jalado o se forman arrugas horizontales en la cintura, cadera alta, parte más prominente de la cadera o los muslos.

2) Ajuste las costuras laterales. Prenda dejando la holgura bien distribuida sobre la parte alta de la cadera, lo más prominente de ésta y los muslos. Si los pantalones todavía están apretados en el área de los muslos, posiblemente el cruce del tiro sea demasiado corto (página 78) o las costuras de la entrepierna requieran ajuste (página 84).

Demasiado flojo. Haga una alforza para quitar el ancho excesivo en la cintura, cadera o muslos. Camine y siéntese con los pantalones ajustados con alfileres para cerciorarse de que no los dejó demasiado apretados.

Cómo perfeccionar el ajuste del tiro

Es difícil lograr un buen ajuste en el área de la entrepierna cuando se tienen en cuenta únicamente las medidas. Por lo general, se requiere hacer cambios menores durante la prueba.

Empiece por revisar la profundidad del tiro. Ajuste después el largo del tiro, el cruce del tiro y la línea de la cintu-ra. Revise después que el área del tiro de los pantalones siga la curva de su cuerpo. Si no es así, forme de nuevo la costura del tiro. Hasta los pequeños cambios en la forma de la línea de costura del tiro permiten obtener una mejor caída en los pantalones. Al formar de nuevo la curva del tiro, ésta se alarga.

Normas de ajuste para las costuras de las piernas

Ambas piernas de los pantalones deben tener la tela distribuida igualmente.

Las costuras laterales son rectas, caen perpendicularmente al piso, dividiendo visualmente el cuerpo.

Cómo ajustar la profundidad del tiro

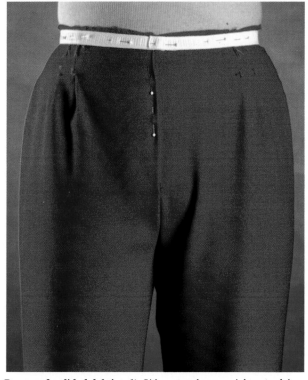

Poca profundidad del tiro. 1) Si los pantalones se jalan en el área del tiro o la cintura del pantalón no llega a la cintura natural, quite la cinta de resorte que prendió con alfileres a la cintura del pantalón.

2) Ajuste los pantalones para que entallen con comodidad, permitiendo suficiente holgura en el área de la entrepierna. Prenda de nuevo la cinta de resorte, dejando la orilla inferior de éste en la cintura natural. Marque la nueva línea de costura con una greda.

Demasiada profundidad del tiro. 1) Quite la cinta de resorte que prendió en la línea de la cintura si los pantalones quedan muy largos en el área del tiro o impiden el movimiento del cuerpo.

2) Ajuste los pantalones para que entallen con comodidad, dejando suficiente holgura en el área del tiro. Prenda de nuevo la cinta de resorte dejando la orilla inferior en la cintura natural. Señale la nueva línea de costura con greda.

Cómo ajustar el largo del tiro en el cruce del mismo

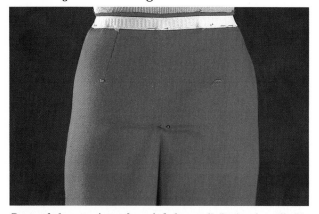

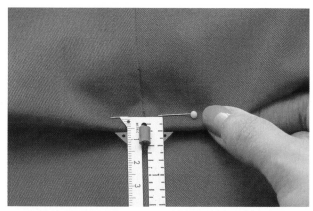

Puntas de la entrepierna demasiado largas. 1) Revise el entalle. Un tiro muy largo hará que sobre tela en el centro delantero o trasero del tiro, o en ambos. Haga una alforza en la costura del centro al frente, o del trasero, para determinar la cantidad de largo sobrante que tiene que eliminar en el cruce del tiro. La medida de ajuste puede ser diferente para el delantero y el trasero.

2) Mida la alforza que prendió perpendicularmente a la costura del tiro. Duplique esta medida para determinar la verdadera medida que necesita ajustar.

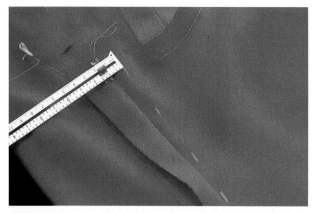

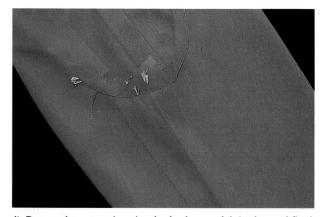

3) Descosa la curva del tiro. Marque la medida de ajuste alejándose de la costura interior para acortar el extremo de la entrepierna. Señale en la costura interior la nueva línea de costura, desvaneciéndola hasta el área de las rodillas.

4) Descosa la costura interior desde el cruce del tiro hasta el final de la marca. Acomode el frente y el trasero en la costura interior, casando la línea de costura ya corregida con la línea original de costura. Hilvane a máquina la nueva costura interior.

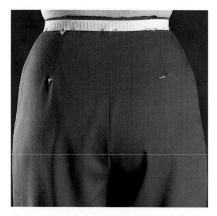

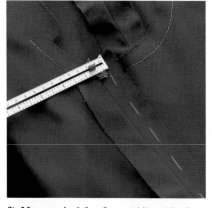

Cruces del tiro demasiado cortos, 1) Revise el entalle. Si el tiro está corto, habrá marcas diagonales que salgan del cruce trasero del tiro, del delantero o de ambos.

2) Marque de 1.3 a 2 cm (½" a ¾") de la costura interior cuando vaya a alargar el cruce del tiro. Señale una nueva línea de costura, desvaneciendo hasta el área de las rodillas.

3) Descosa en la curva del tiro y en la costura interior desde el cruce del tiro hasta el final de la marca. Case el frente y el trasero en la costura interior, casando las costuras marcadas con la línea original de costura. Hilvane a máquina la nueva costura interior.

Cómo ajustar el largo del tiro en la cintura

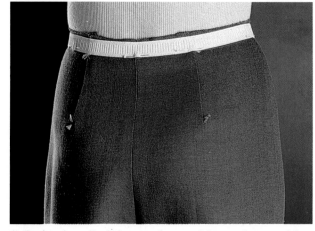

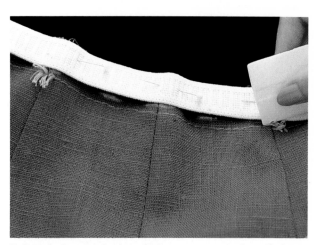

1) Revise el entalle. Si los pantalones se jalan en el centro delantero o trasero, la costura del tiro es demasiado corta. Si hay excedente de tela en el centro delantero o centro trasero, la costura del tiro está demasiado larga.

2) Prenda de nuevo la cinta elástica para corregir el entalle, levantándola o bajándola en el centro delantero o trasero, según sea necesario. Marque la nueva línea de costura bajo el resorte usando una greda. Transfiera el ajuste al patrón como lo haría para una cuchilla (página 89).

Cómo dar nueva forma a la curva del tiro

1) Revise el entalle. Cuando sobra tela en el *derrière*, se jala la costura del tiro. Esto forma un pliegue en forma de diamante bajo el *derrière*.

2) Prenda los pliegues de la tela sobrante en la curva de la costura del tiro. Quítese los pantalones y señale una línea de costura del tiro mayor en el trasero, guiándose por la medida de tela que prendió.

3) Haga de nuevo la costura del tiro, desvaneciendo la nueva costura hacia la curva del frente del tiro si es necesario. Recorte la pestaña dejándola de 1.5 cm (⁵/₈").

4) Revise de nuevo el entalle. Haga de nuevo el ajuste si el área del *derrière* no entalla bien. No recorte las pestañas de costura a menos de 1.5 cm (⁵/₈") hasta que la costura del tiro sea definitiva.

Cómo perfeccionar el ajuste de las áreas de las líneas de cintura y cadera

Si tiene caderas disparejas, tiene que ajustar la cintura en uno o ambos lados. Para un buen entalle en el área de la cintura, hay que ajustar las pinzas y pliegues. Al hacer el ajuste, debe conservar una holgura de 2.5 a 3.8 cm (1" a 1½") en la línea de la cintura.

La amplitud y ángulo de los pliegues puede cambiarse para que se adapte a la forma del cuerpo. Las pinzas pueden ser más largas, más cortas, o más o menos anchas. La

amplitud de una pinza se puede dividir en dos pinzas, lo cual mejora la línea, en especial si la pinza original era demasiado amplia. Por lo general, las nuevas pinzas se prenden en línea recta desde la orilla cortada hasta el extremo de la pinza. Al coser la pinza se cambia de una línea recta a una ligeramente curva para que se adapte a las curvas del cuerpo.

Normas de ajuste para las líneas de cintura y cadera

La línea de la cintura queda en la cintura natural, paralela al suelo, ya sea que esté sentada o parada.

El hilo transversal de la tela queda al nivel de la línea de la cadera.

Los pliegues se adaptan a la forma del cuerpo.

Las pinzas quedan planas en el cuerpo y apuntan a la parte más amplia de las caderas, terminando por lo menos 2.5 cm (1") más arriba de la parte más amplia.

Cómo ajustar la línea de la cintura para caderas disparejas

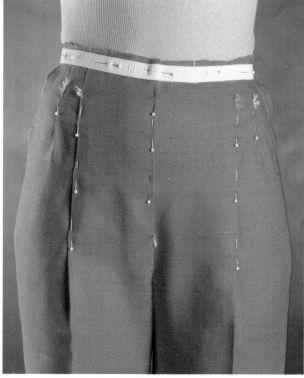

1) Desprenda la cinta de resorte de la cintura si el hilo de la tela no queda horizontal en la línea de la cadera o si los pantalones tienen pliegues verticales en la parte alta de la cadera.

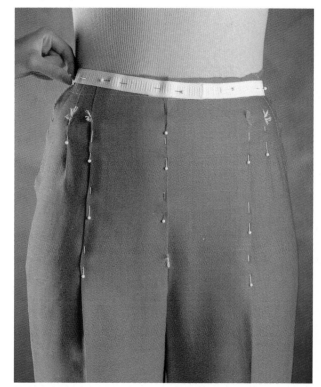

2) Ajuste los pantalones para que el hilo de la tela quede horizontal a la altura de la cadera. Prenda de nuevo el resorte, dejando la orilla inferior del resorte en la cintura natural. Señale con greda la nueva línea de costura.

Cómo ajustar los pliegues

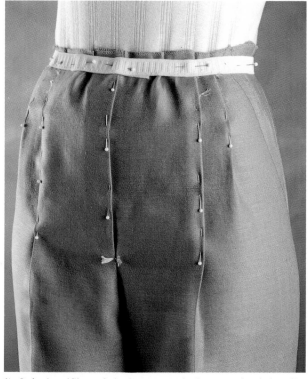

1) Quite los alfileres de la cintura y suelte las puntadas de los pliegues que necesita modificar si la amplitud o si los pantalones se jalan.

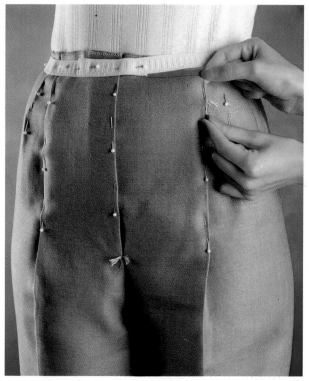

2) Prenda de nuevo los pliegues para que se adapten a la forma del cuerpo, dejando la parte exterior del doblez del pliegue principal exactamente al hilo de la tela, alineado con el doblez del frente o línea de hilvanes.

Cómo ajustar las pinzas

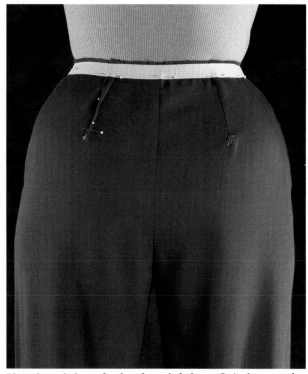

Pinza demasiado profunda o demasiado larga. Quite las puntadas de la pinza si los pantalones están demasiado apretados o la tela se abolsa en el extremo de la pinza. Prenda una pinza más corta, menos profunda, o ambas. También puede hacer dos pinzas, como se indica abajo.

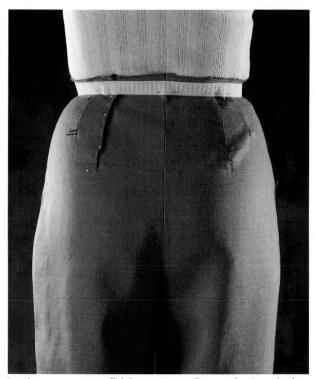

La pinza es muy superficial o muy corta. Descosa la pinza si sobra tela sobre el área de las caderas, haciendo que el entallado hacia la costura lateral se abolse. Prenda la nueva forma de pinza más ancha, más larga o ambas.

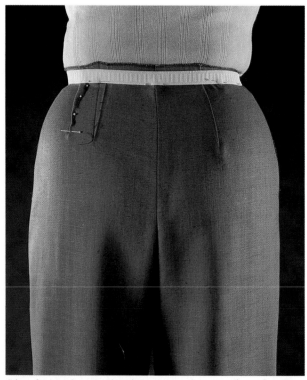

Cómo formar de nuevo las pinzas para caderas amplias y altas. Descosa la pinza si se jala en la cadera alta o sobra tela en la cintura. Prenda una nueva forma de pinza, siguiendo la curva de la cadera alta. También puede hacer dos pinzas, como aparece a la derecha.

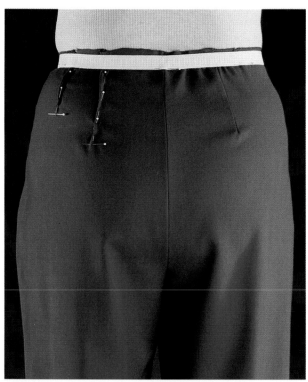

Cómo hacer dos pinzas. Descosa las puntadas si sobra tela o se jala. Prenda las nuevas pinzas, dividiendo la tela sobrante en dos pinzas. La pinza más cercana a la costura lateral es por lo general más corta que la otra pinza.

Cómo perfeccionar las costuras de las piernas

Observe atentamente la manera como caen las piernas de los pantalones. Alrededor de ambas piernas debe haber la misma cantidad de tela. La costura interior se jala por muslos gruesos al interior, rodillas que se juntan o el corte de los pantalones, en tanto que las piernas arqueadas harán que se jale en las costuras laterales. Ambos casos se corrigen modificando la colocación de la costura respectiva.

Las costuras laterales deben quedar derechas desde la cintura hasta el dobladillo, dividiendo visualmente el cuerpo. Por lo general, el trasero del pantalón tiene 1.3 cm (½") menos que el delantero. En algunos cuerpos hay más diferencia.

A veces se requiere quitar parcialmente las puntadas de las costuras laterales a partir de la cintura, o hasta la línea del dobladillo, ajustando las pestañas para costura del frente y trasero. Con frecuencia este ajuste es necesario si la cadera se inclina hacia adelante o hacia atrás (página 33), si el *derrière* es plano o prominente, o si sobresale el abdomen.

Normas de ajuste para las costuras de las piernas

Ambas piernas de los pantalones deben tener la tela distribuida igualmente.

Las costuras laterales son rectas, caen perpendicularmente al piso, dividiendo visualmente el cuerpo.

Cómo ajustar para rodillas que se juntan o muslos gruesos en la parte interior

1) Revise el entalle. Las rodillas que se juntan hacen que el pantalón se jale en la entrepierna (costura interior) y que se formen arrugas diagonales en el área de los muslos.

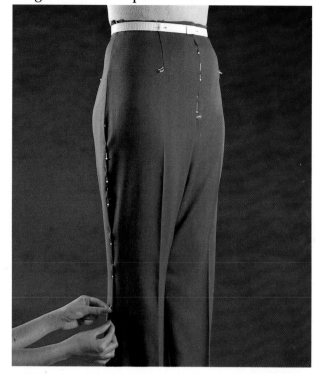

2) Suelte las puntadas en la costura lateral desde la línea de la cadera hasta la orilla inferior. Prenda con alfileres o hilvane a máquina la costura lateral, metiendo 1.3 cm (½") más desde la orilla inferior hasta la línea de la rodilla, desvaneciendo hacia la costura original en la cadera.

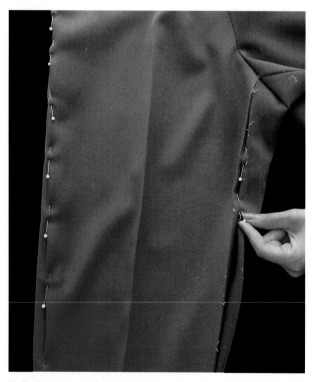

3) Suelte las puntadas en las costuras interiores desde el cruce del tiro hasta la orilla inferior. Prenda con alfileres o hilvane a máquina la costura interior, soltándola una medida igual a la del ajuste que hizo en la costura lateral.

4) Revise de nuevo el entalle. Si todavía se jala en el área de los muslos, aumente la medida que ajustó hasta 2 cm (¾"), y enderece la pestaña de costura de la parte trasera del pantalón en la costura interior para que no forme una curva en el área del muslo. Desvanezca el ajuste para obtener una línea suave.

Cómo ajustar para piernas arqueadas

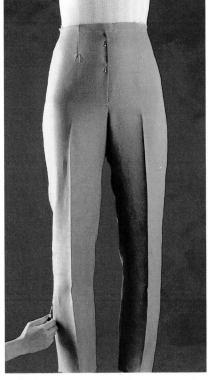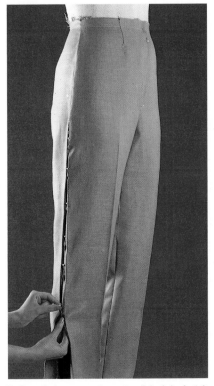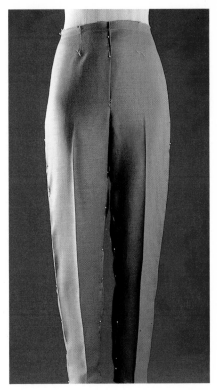

1) Revise el entalle. Las piernas arqueadas hacen que el pantalón se jale en las costuras laterales formando arrugas diagonales en el área de los muslos. Suelte las puntadas en las costuras laterales desde la línea de la cadera hasta la orilla inferior.

2) Prenda la costura lateral, soltándola de 1.3 a 2 cm (¹/₂" a ³/₄") para que los pantalones caigan rectos.

3) Descosa las puntadas en la parte interior del muslo desde el cruce del tiro hasta la orilla inferior. Prenda la costura interior, metiéndo a la misma medida del ajuste en la costura lateral.

Cómo ajustar las costuras laterales

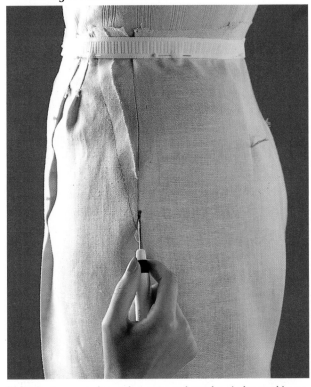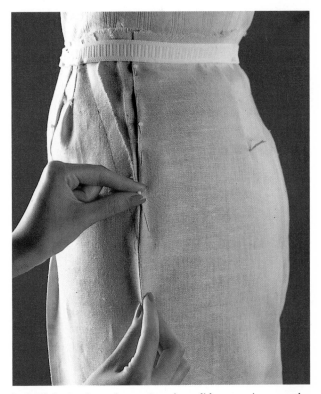

1) Suelte las puntadas en las costuras laterales si el pantalón no cae derecho o no divide igualmente al cuerpo en dos partes.

2) Doble hacia adentro la pestaña en la medida necesaria para enderezar la costura. Prenda en el doblez. Ajuste ambas costuras laterales.

Cómo marcar los cambios en el ajuste

Las modificaciones del entalle que se marcan con alfileres se deben señalar con gis en el interior de la prenda, antes de hacer las costuras. La forma de marcarlos dependerá de si soltó o quitó tela al hacer las modificaciones.

Ya que es difícil colocar los alfileres en una línea continua durante el entallado, prenda de nuevo con cuidado los ajustes que haya hecho antes de marcarlos con gis. Cuando haya soltado tela, como en el ajuste de las costuras laterales, coloque los alfileres cerca de la orilla del doblez. Hilvane a máquina las costuras y pruebe de nuevo.

Cómo marcar los ajustes cuando suelta tela en costuras traslapadas

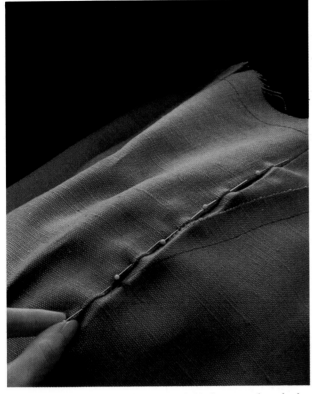

1) Prenda de nuevo cerca de la orilla doblada, tomando todas las capas de tela.

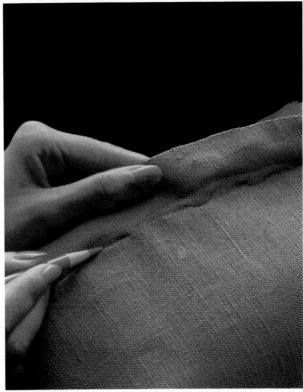

2) Voltee los pantalones al revés. Sírvase de los alfileres como guía para marcar la nueva línea de costura en ambos lados.

Cómo marcar cuando quita tela o ajusta pinzas

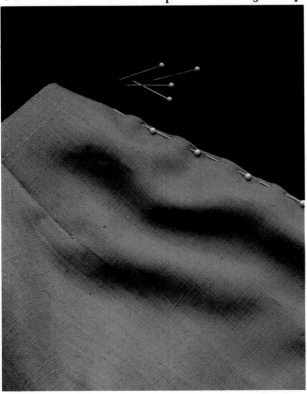

1) Ajuste los alfileres conforme lo necesite para formar una línea continua.

2) Voltee los pantalones con el revés hacia afuera. Sirviéndose de los alfileres como guía, marque la nueva línea de costura en ambos lados.

Cómo transferir las modificaciones al patrón

Cuando probó los pantalones hilvanados a máquina, posiblemente hizo otras modificaciones. Hay que pasarlos al patrón para que quede un registro permanente para el futuro. Es probable que tenga que soltar las puntadas del hilván para que los pantalones queden planos mientras transfiere las modificaciones.

Si cambió la posición o tamaño de las pinzas o pliegues, transfiera estas modificaciones utilizando el mismo procedimiento indicado abajo para las líneas de costura.

Una vez que transfiera los cambios al patrón, borre las marcas de las líneas que no utilizó y acabe de rectificar el patrón. En este momento puede agregar las pestañas de costura con 1.5 cm (5/8") al patrón ya modificado, en lugar de las pestañas más grandes que utilizó únicamente para poder modificar el ajuste. Registre todos los cambios en la Tabla para ajuste de pantalones (páginas 30 y 31) para poder consultarla en el futuro.

Cómo transferir los ajustes del entallado en las costuras

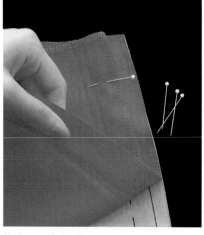

1) Acomode las líneas de costura de los pantalones con las del patrón, prendiendo conforme sea necesario.

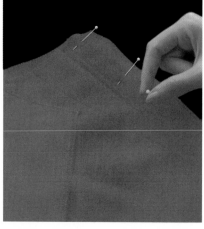

2) Utilice alfileres para perforar el patrón a lo largo de la nueva línea de costura, separándolos alrededor de 2.5 cm (1").

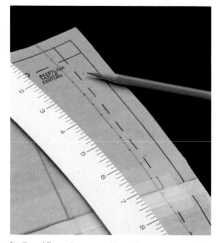

3) Rectifique la nueva línea de costura, guiándose por las perforaciones de los alfileres. Aumente una pestaña de 1.5 cm (5/8") para costura.

Cómo transferir los ajustes de entallado en las líneas de corte

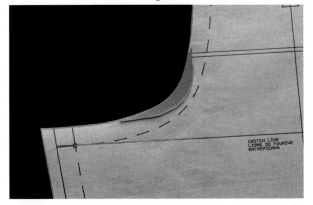

1) Coloque sobre el patrón la pieza de tela que haya recortado, casando las líneas de corte originales.

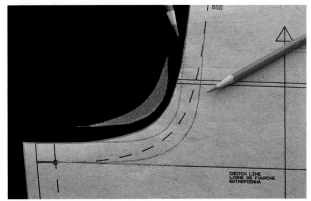

2) Marque la nueva línea de corte y mida y marque la nueva línea de costura. Recorte el papel sobrante, si es necesario, hasta dejarlo de 1.5 cm (⅝").

Cómo transferir los ajustes de profundidad del tiro o cuchillas de ajuste

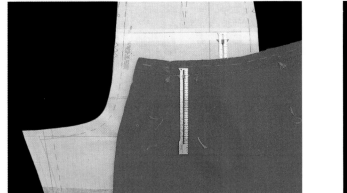

Ajuste de la profundidad del tiro. Tome la medida de lo que rectificó (página 77). Señale la profundidad del ajuste en el tiro marcando el patrón en la misma medida (página 52). Rectifique las líneas de costura y agregue pestañas para costura de 1.5 cm (⅝").

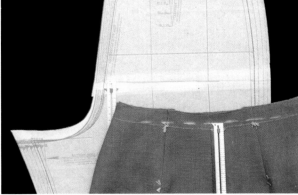

Cuchillas de ajuste. Tome la medida del ajuste para entallar (página 79) que hizo en la costura trasera o del frente del tiro, desde la cintura original hasta la nueva línea de cintura. Haga la cuchilla de ajuste en el patrón de igual medida (páginas 57 y 58). Rectifique las líneas de costura y aumente 1.5 cm (⅝") como pestañas para costura.

Cómo marcar el nuevo centro del hilo de la tela

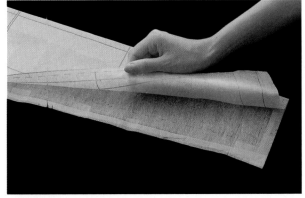

1) Doble el patrón a lo largo, alineando la costura interior con la lateral en la orilla inferior y en la línea de la rodilla. Doble el patrón desde la orilla inferior hasta la línea de la cintura.

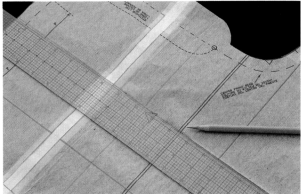

2) Acomode el patrón dejándolo plano y trace sobre la línea del doblez el nuevo hilo de la tela. En los pantalones con pliegues, el hilo de la tela se señala fuera del doblez del pliegue principal. Si el doblez del pliegue no casa con el nuevo hilo de la tela, ajuste ambas líneas de los pliegues para que no cambie la profundidad del pliegue.

Cómo hacer una guía personal de ajuste

Cada compañía que fabrica patrones utiliza su propia plantilla para pantalones ajustados con pinzas como guía para desarrollar otros diseños. Si usted ya entalló y utilizó un patrón básico de determinada manera, puede modificar otro patrón de esa misma compañía aprovechando los mismos ajustes que ya hizo. Si modificó un patrón no básico, posiblemente los ajustes cambien un poco dependiendo del diseño. Cada vez que vaya a utilizar un nuevo diseño de patrón, corte los pantalones con pestañas para costuras de 2.5 cm (1") e hilvane a máquina las costuras estructurales, a modo de poder hacer con facilidad las pequeñas alteraciones de ajuste.

Lleve un registro en tarjeta de los ajustes que haga. Consulte la Tabla para ajuste de pantalones (páginas 30 y 31) y el patrón para obtener esta información. Aproveche esta tarjeta personal de ajuste para alteraciones rápidas en sus futuros proyectos de costura. Actualice su registro conforme sea necesario.

Puesto que cada compañía de patrones tiene un un ajuste diferente, será necesario que repita el proceso de ajustar los pantalones básicos con pinzas para tener una tarjeta personal para cada compañía de patrones. Si prefiere el entalle de una compañía en especial y ya modificó ese patrón básico, posiblemente prefiera seguir aprovechando los diseños de esa compañía.

En su tarjeta de ajuste personal, anote la compañía de patrones, el número del patrón y la fecha. Escriba los cambios necesarios en largo y ancho. Anote los cambios en el largo del tiro incluyendo las cuchillas, cruces del tiro y cambios en la curva de éste. Agregue cualquier otro dato que le pueda ayudar.

SEE REVERSE SIDE

B 1 2 3 4 5

42 43 44 45 46 33 32 20 21 22 9

A

10

OI

BUTTERICK
FAST & EASY
684
SIZE/TAILLE
(6-8-10)

C

A

Sewing Rating/Classification-Couture
VERY EASY / TRÈS FACILE

PATTERN/PATRON

A

C

D

Date _____

nts
¼"
⅜"
⅜"

ts at waist
ad ⅜" at waist
ead ¼" at hip

 Adjustments
– lap ½"
 point – extend 2"

Butterick 6841
size 10

Length Adjustments
Line 2 – lap 1"
Line 3 – lap 1"

Width Adjustments
Line 4 – spread ⅜" at
          spread ¼" at

Crotch Length Adjustm
Back wedge – lap ½"
Back crotch points – e
Scoop out back croto

Cómo confeccionar los pantalones

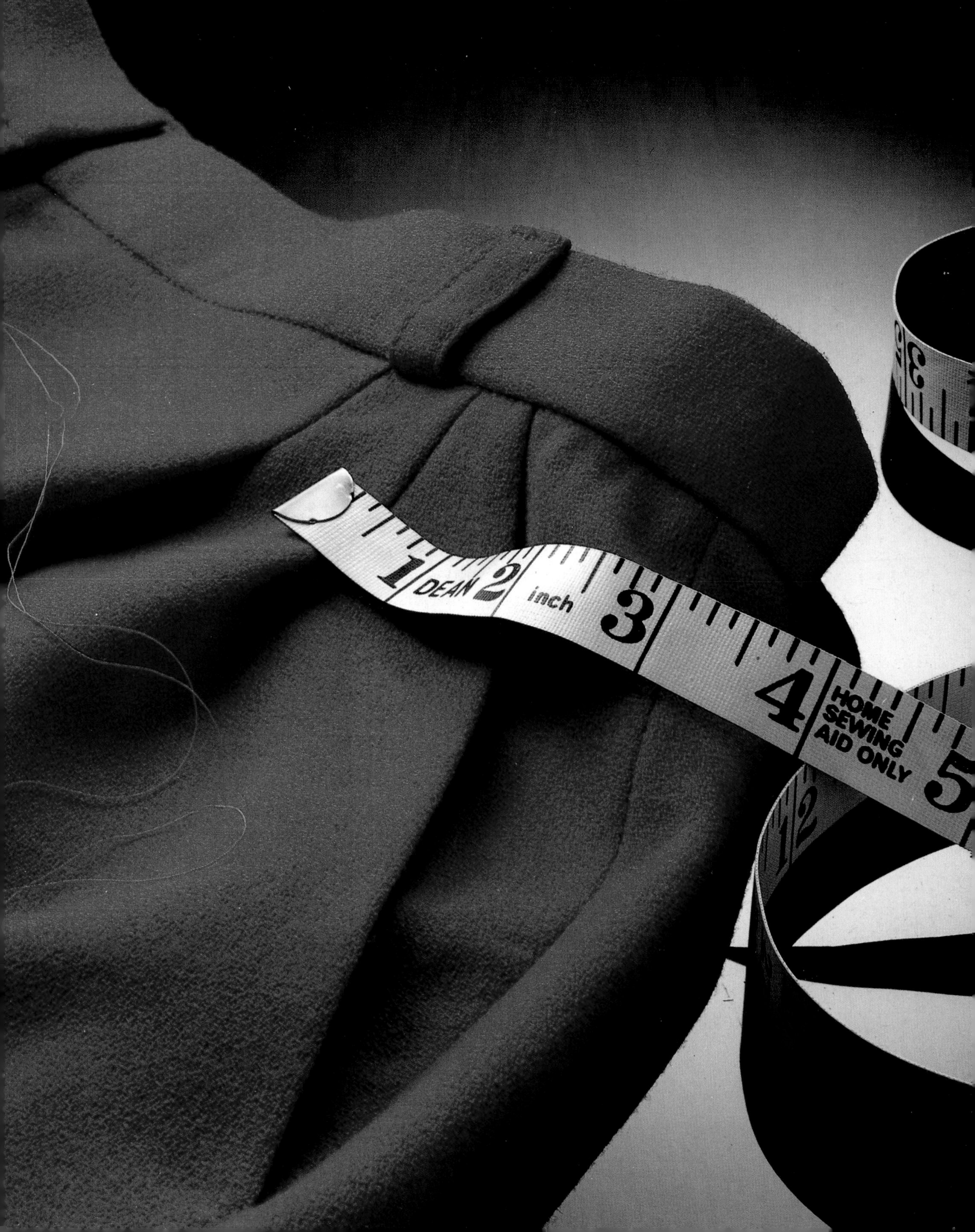

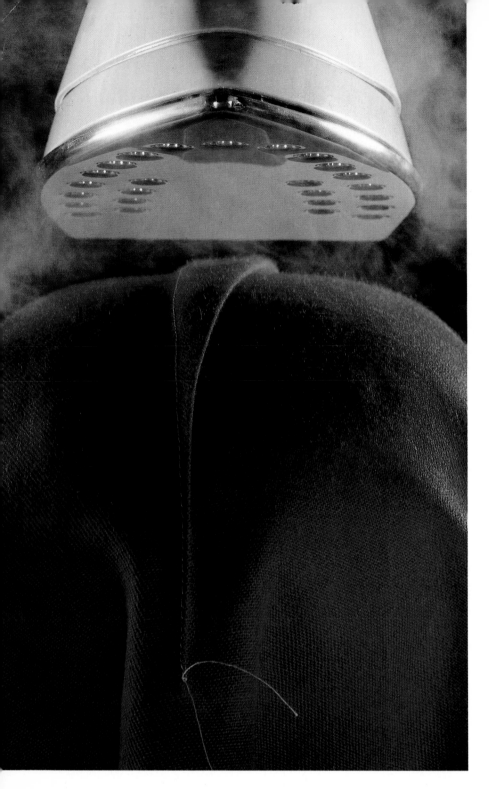

Técnicas para coser pantalones

Después de hacer todos los ajustes, los pantalones están ya listos para la costura final. Las técnicas que se explican en esta sección se utilizan para la confección de pantalones clásicos. Siga las instrucciones del patrón si el patrón incluye otros detalles de diseño.

Deje sólo un hilo de las puntadas de sastre antes de hacer las costuras definitivas. Quite las puntadas de hilván del tiro y de cualquier otra área en la que un detalle de diseño, como bolsillos inclinados, vaya a colocarse. Si hizo algunos cambios en las pestañas de costura, cerciórese de que los marcó con claridad antes de quitar las puntadas de hilván. Para que le sirvan como guía de costura, puede dejar los hilvanes en pinzas y pliegues, costuras laterales y entrepiernas.

Planche cada costura antes de cruzarla con otra. Utilice una almohadilla de sastre cuando vaya a planchar áreas curvas y un brazo de sastre para las costuras rectas. Si sostiene un aplanador de costuras sobre la tela hasta que ésta se enfríe, logrará aplanar la costura o pinza sin tener que planchar en exceso.

Siga la secuencia indicada para la confección de pantalones que se indica a la izquierda. El primer paso después del ajuste es hacer la costura definitiva en las pinzas y plancharlas. Siga las indicaciones del patrón si va a hacer un pespunte en la orilla de los pliegues. Si van sueltos en la cintura, no hará falta una costura permanente: deje simplemente las puntadas de hilván hasta que coloque la pretina.

Secuencia para la confección de pantalones

Cosa y planche las pinzas; si es necesario, haga un pespunte en la orilla de los pliegues.

Cosa los bolsillos oblicuos, si se incluyen.

Una la bragueta del cierre, si se incluye.

Hilvane el forro hasta la rodilla, si se incluye.

Haga las costuras interiores.

Haga las costuras laterales y si se incluyen, cosa los bolsillos en la costura lateral.

Haga la costura del tiro

Cosa el forro, si se incluye.

Coloque la pretina.

Coloque los broches en la pretina.

Cosa los dobladillos en los pantalones; cosa los dobladillos del forro, si se incluyen.

Cómo coser y planchar las pinzas

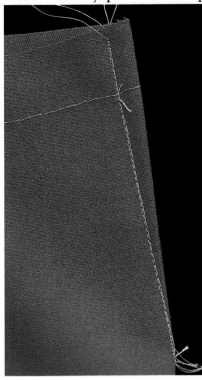

1) Cosa la pinza de la parte más ancha a la punta, cerca del hilván, dando las últimas 4 ó 5 puntadas sobre el doblez. Haga puntadas más cortas en los primeros 2.5 cm (1") y en los últimos 1.3 cm (¹/₂"), dejando hilos sobrantes de 10 cm (4").

2) Ate un nudo, usando un alfiler sostenido en el extremo de la pinza para asegurar un nudo pegado a la tela. Corte el hilo, dejando un sobrante de 1.3 cm (¹/₂").

3) Quite los hilvanes y las puntadas de sastre. Planche la pinza plana por ambos lados para embeber las puntadas.

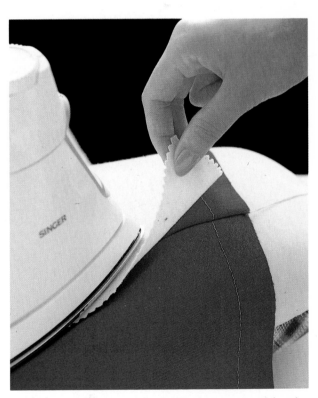

4) Coloque la pinza sobre una almohadilla de sastre, con el revés hacia arriba, planchando la pinza hacia el centro delantero o trasero. Utilice un aplanador de costuras para aplanarla.

5) Planche la pinza sobre la almohadilla de sastre, con el derecho del pantalón hacia arriba, utilizando un lienzo para planchar o un protector de plancha para no maltratar la tela.

Bolsillos oblicuos

Los bolsillos oblicuos, detalle común de diseño en los pantalones clásicos, se forman con dos piezas del patrón: la vista del bolsillo y la pieza del bolsillo lateral. La vista se corta generalmente de tela de forro para disminuir el volumen. El refuerzo para el bolsillo es una extensión de la vista hasta la costura central del frente; se incluye con frecuencia entre las piezas del patrón. El refuerzo del bolsillo mantiene los bolsillos en su lugar, a la vez que conserva lisos los pantalones al frente.

La abertura del bolsillo terminado es ligeramente más grande que la línea de colocación en la pieza del bolsillo lateral para permitir la curva del cuerpo. Refuerce la abertura del bolsillo para impedir que se estire.

Una vez que ya ajustó su primer par de pantalones y sabe que la medida de cintura en el patrón es exacta a la suya, puede coser los bolsillos oblicuos antes de probarse la prenda, siempre que se trate de pantalones hechos con el mismo patrón.

Cómo coser un bolsillo oblicuo sin refuerzo

1) Corte una cinta de refuerzo o una tira del orillo del forro para la abertura del bolsillo. Utilice como guía el frente del patrón.

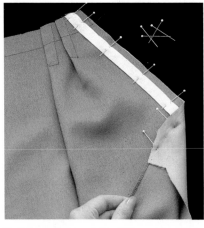

2) Coloque la vista del bolsillo y el frente de los pantalones derecho con derecho, casando las aberturas de los bolsillos. Centre la cinta de refuerzo sobre la línea de costura por el revés del frente de los pantalones y prenda a la abertura del bolsillo.

3) Haga una costura a 1.5 cm ($^5/_8$") de la orilla, con la cinta de refuerzo en la parte superior y la tela del forro junto al impelente. Desvanezca las pestañas de la costura.

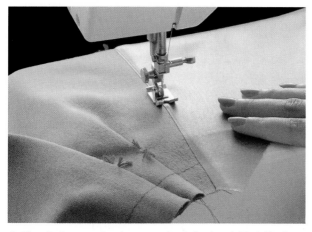

4) Planche las pestañas de costura hacia la vista del bolsillo, haga un bajo pespunte a 3 mm (⅛") de la línea de costura.

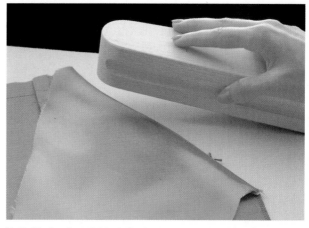

5) Doble la vista del bolsillo hacia el interior. Planche a vapor utilizando un aplanador de costuras para alisar la orilla. Si lo desea, puede hacer un sobrepespunte en la orilla.

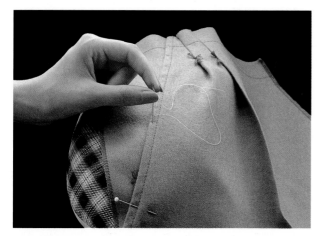

6) Coloque la pieza del bolsillo lateral sobre la almohadilla de sastre con el derecho hacia arriba. Acomode el frente de los pantalones sobre el costado de la pieza del bolsillo, casando las marcas y líneas de costura. Prenda por la costura lateral y línea de la cintura. Hilvane a mano la abertura del bolsillo, acomodándola en su lugar.

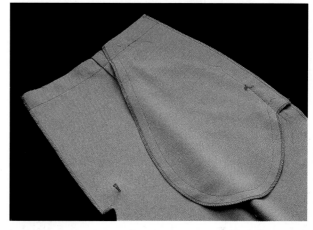

7) Prenda la vista del bolsillo a la pieza lateral del bolsillo, cosiendo alrededor de la orilla exterior. Acabe la pestaña de costura. Hilvane a mano las orillas del bolsillo en la cintura y costura lateral.

Cómo coser un bolsillo oblicuo con refuerzo

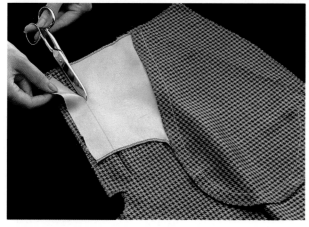

1) Siga los pasos del 1 al 6. Prenda la vista del bolsillo a la pieza lateral del bolsillo. Cosa alrededor de la orilla de la pieza lateral del bolsillo. Recorte el refuerzo del bolsillo en la línea central del frente sobre el lado del traslape de la aletilla. No recorte el refuerzo por el lado de la aletilla inferior.

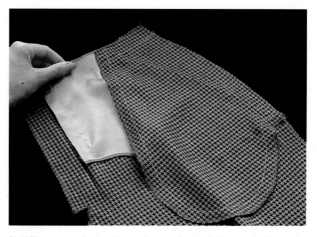

2) Hilvane a máquina las orillas de los bolsillos en la línea de la cintura, costura lateral y a 1.3 cm (½") de la línea que marca el centro del frente. La orilla del frente del refuerzo del bolsillo se sostiene con la costura al poner el cierre.

Cierre al frente con aletilla

El cierre al frente con aletilla tradicional en los pantalones de hombre se usa frecuentemente en pantalones de mujer. Por lo general, en pantalones de mujer se traslapa de derecha a izquierda. En los pantalones que no llevan forro se puede agregar una aletilla para que la tela no se atore en el cierre.

Utilice un cierre que mida de 2.5 a 5 cm (1" a 2") más de largo que la abertura del cierre ya terminada. El largo estándar de la abertura es de 18 cm (7") y hay que dejar 23 cm (9") si lo desea más largo. Cuando se alarga la profundidad del tiro normalmente hay que acortar la abertura del cierre en la parte inferior.

Cuando utiliza un método de confección plana, el cierre se coloca antes de hacer las costuras de los pantalones. Coloque entretela ligera fusionable en la aletilla que traslapa para aumentarle estabilidad a la abertura del cierre e impedir que se marque por el derecho. La entretela se extiende alrededor de 6 mm (¼") más allá de la línea central del frente. Cuando se trata de pantalones con refuerzo en el bolsillo, doble hacia atrás la orilla del frente del refuerzo al pegar la entretela fusionable. Se recomienda especialmente para pantalones confeccionados con telas ligeras.

Cómo colocar un cierre al frente con aletilla

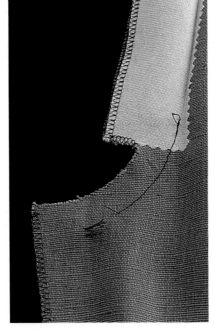

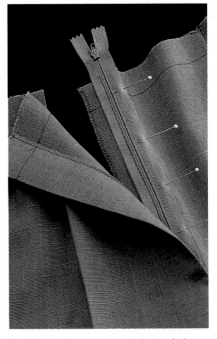

1) Corte la entretela de 4.5 cm (1¾") de ancho y del largo de la vista de la aletilla, de preferencia con tijeras para orlar. Fusione al lado del revés del traslape de la vista. Corte la aletilla inferior de la misma tela de los pantalones de 10 cm (4") de ancho y del largo de la vista de la aletilla. Si lo desea, la orilla inferior puede ser curva.

2) Acabe las orillas cortadas de las vistas de la aletilla. Planche el doblez en la vista que traslapa en el centro delantero. Haga la costura delantera del tiro con puntadas cortas, comenzando a 3.8 cm (1½") del cruce del tiro y terminando en la parte inferior de la abertura del cierre. Remate haciendo 3 ó 4 puntadas hacia atrás.

3) Coloque el cierre cerrado hacia abajo sobre la vista de la aletilla inferior y la orilla de la cinta del cierre en el centro; el seguro inferior del cierre debe quedar a 3 mm (⅛") por encima de la abertura inferior del cierre. Prenda la orilla exterior de la cinta del cierre a la vista. Utilizando un prensatelas para cierres, cosa la cinta del cierre a la vista.

4) Doble la vista del traslape inferior al revés. Hilvane a máquina cerca de la línea del doblez.

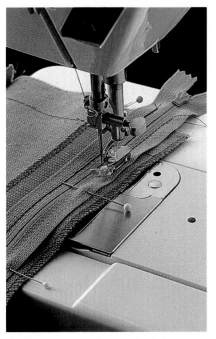

5) Case la marca del centro del delantero en la orilla superior y prenda. Desde el revés, prenda la orilla restante de la cinta del cierre a que traslape únicamente sobre la vista. Sostenga la vista hacia afuera de los pantalones y cosa la cinta del cierre a la vista.

6) Marque la línea de puntadas por el derecho de los pantalones, a 3.2 cm (1¹/₄") del doblez central. Hilvane a máquina cerca de la línea de puntadas, si lo desea. Cosa, rematando con 3 ó 4 puntadas en el centro del doblez. Quite el hilván y abra el cierre.

7) Planche la aletilla inferior por la mitad a lo largo y haga el acabado en las orillas cortadas. Acomode la aletilla protectora bajo el cierre por el lado inferior del traslape, con las orillas superiores coincidiendo y la orilla doblada alrededor de 2.5 cm (1") más allá de los dientes del cierre. Cosa cerca del doblez a través de todas las capas. Quite los hilvanes.

8) Con el cierre abierto, haga una costura para fijar ambos extremos superiores del cierre. Recorte las orillas sobrantes del cierre. Recorte las pestañas de costura del tiro más abajo de la vista de la aletilla hasta 6 mm (¹/₄") de las puntadas.

9) Abroche el cierre. Desde el revés, fije la orilla inferior de la aletilla protectora a la vista del traslape. Desde el derecho, haga unas puntadas de sujeción en el extremo inferior de la abertura del cierre, si lo desea.

Costuras y dobleces

Haga la costura lo más cerca que pueda de las puntadas de hilván, sin atraparlas en la costura definitiva. Quite los hilvanes antes de planchar las costuras. Si aplica una cinta de refuerzo u orillo del forro a lo largo de la costura del tiro, la reforzará impidiendo que se estire. Cosa la curva del tiro una segunda vez para reforzar la costura y recorte después la pestaña, dejándola de 1 cm (³⁄₈") en la curva del tiro para que el entalle sea más suave.

Planche cada costura antes de cruzarla con otra costura, utilizando una almohadilla de sastre para las costuras rectas y un brazo de sastre para las áreas curvas. Después de planchar, sostenga un aplanador de costuras sobre la costura hasta que la tela se enfríe.

Los pantalones pueden llevar o no doblez, dependiendo del estilo y preferencias personales. Los dobleces se planchan hasta la mitad entre la costura lateral y la costura interior. Planche el doblez del frente a lo largo del hilo de la tela, de modo que el pantalón caiga correctamente. Planche el doblez únicamente hasta la línea del tiro en pantalones ajustados con pinzas. Cuando llevan pliegues, planche el doblez del frente hasta el pliegue principal. El doblez de la parte de atrás siempre se plancha hasta la línea del tiro. Si desea un doblez permanente, fíjelo humedeciendo un lienzo de planchar con una solución que consta de una parte de vinagre blanco y tres partes de agua. Pruebe primero en un retazo de tela para ver si no se decolora.

Cómo hacer las costuras laterales, interiores y del tiro

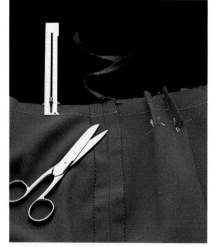

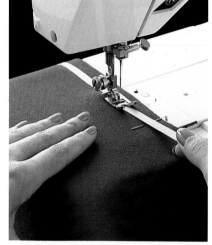

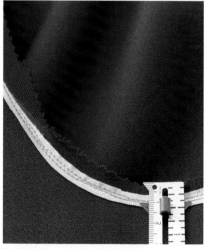

1) **Haga** las costuras laterales y las interiores, igual que en los pasos 7 y 8, página 73, usando puntadas de largo regular. Recorte las pestañas de costura a dejarlas de 1.5 cm (⁵⁄₈") y acabe las orillas. Quite los hilvanes y planche las costuras como se indica en la página opuesta. Recorte las pestañas de costura dejándolas de 1.5 cm (⁵⁄₈").

2) **Prenda** o hilvane la costura del tiro. Corte la cinta de refuerzo o una tira angosta de orillo del forro al largo de la costura y céntrela sobre la línea de costura, cosiendo desde el centro trasero hasta llegar lo más cerca posible de la parte inferior de la abertura del frente.

3) **Cosa** de nuevo la curva del tiro, cerca de las primeras puntadas. Recorte la pestaña de costura en la curva del tiro dejándola de 1 cm (³⁄₈") y acabe las orillas. Planche la costura central trasera, abierta sobre la curva del tiro, como se indica en la página opuesta.

Cómo planchar las costuras

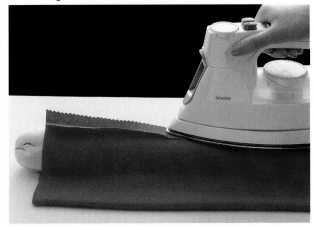

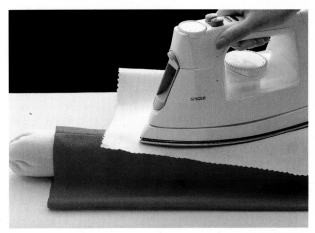

1) Quite los hilvanes. Planche la costura plana por ambos lados para embeber las puntadas. Coloque la costura recta con el revés hacia arriba sobre una almohadilla de sastre. Coloque la costura abierta sobre un brazo de sastre y planche con plancha de vapor. Utilice un prensatelas.

2) Planche con el derecho hacia arriba sobre una almohadilla para costura, utilizando un lienzo para planchar o el protector de la plancha para no maltratar la tela.

Cómo planchar los dobleces en las piernas de los pantalones

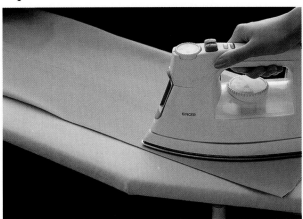

Pantalones ajustados con pinzas. 1) Empalme la costura lateral con la interior desde la orilla inferior hasta el área de la rodilla, con el doblez al hilo de la tela. Si se ajustaron el cruce delantero del tiro o la costura lateral, probablemente las costuras no coincidan arriba de la rodilla.

2) Planche el doblez del delantero desde la orilla inferior hasta el área de la rodilla. Siga planchando derecho por el hilo de la tela hasta la línea del tiro.

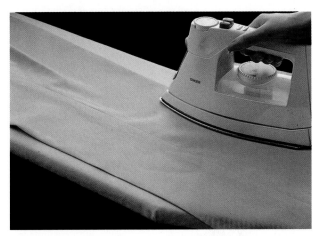

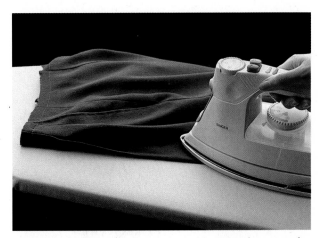

3) Planche el doblez del trasero desde la orilla inferior hasta el tiro. Si se extendió el cruce trasero del tiro, la tela no queda plana en la costura interior.

Pantalones con pliegues. Planche los dobleces igual que para los pantalones ajustados con pinzas, como se indica arriba y continúe el doblez del delantero hasta la cintura al hilo de la tela siguiendo el doblez exterior del pliegue principal.

Cómo forrar pantalones

Para forrar pantalones hace falta un poco de tiempo y esfuerzo, que se compensarán con muchas ventajas. Los pantalones forrados duran más que los que no lo están y no se estiran deformándose. El forro impide también las arrugas y, en telas de colores claros, impiden la transparencia.

Corte el forro con pestañas para costuras de 1.5 cm (⁵/₈"), con el patrón ya ajustado. Doble el patrón en la línea del dobladillo antes de cortar el forro. La orilla cortada del forro quedará en la línea de dobladillo del pantalón.

Si el patrón tiene dobladillos inclinados, prenda la pieza del bolsillo lateral al frente del patrón, alineando ésta con la abertura del bolsillo. Aprovéchela como pieza del patrón para el frente del forro. Si el patrón tiene bolsillos laterales, no corte la extensión del bolsillo.

Cuando el pantalón tiene cierre con aletilla al frente, no haga la extensión de la aletilla, pero deje una pestaña para costura de 1.5 cm (⁵/₈") . Si el patrón tiene pliegues profundos, podrá eliminar algo de la amplitud cortando el patrón la medida del largo del pliegue y traslapándola para hacer un pliegue menor.

Las costuras del forro se pueden hacer en máquina convencional o en overlock. El forro se une al pantalón únicamente en la cintura, de modo que se puede sacar al planchar los pantalones.

Puede forrar únicamente el área de la rodilla de los pantalones muy ajustados para impedir que se abolsen las rodillas. Esta técnica resulta especialmente adecuada para pantalones con resorte en la cintura, ya que el forro abulta mucho la cintura.

Cómo forrar el área de la rodilla en los pantalones sin forrar

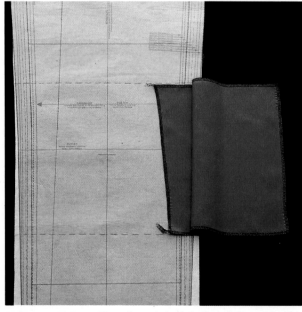

1) Marque 12.5 cm (5") arriba y abajo de la línea de la rodilla. Utilice el patrón para cortar el forro del delantero de los pantalones en el área de la rodilla. Cosa el acabado del forro con máquina overlock o zigzag muy cerrado.

2) Acomode el forro por el revés del delantero de los pantalones en el área de la rodilla. Hilvane en la costura interior y en la lateral. El forro se cose en las costuras de las piernas y se deja suelto en la parte superior e inferior.

Cómo forrar pantalones con cierre al frente con aletilla

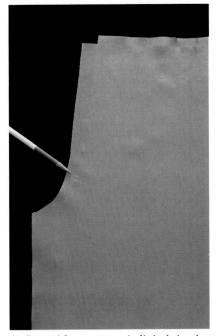

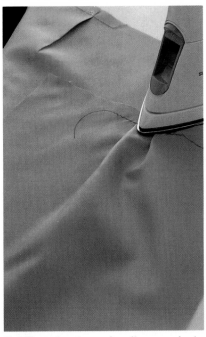

1) Corte el forro como se indicó a la izquierda. Señale las pinzas y la parte inferior de la abertura de la aletilla. Case las líneas de las pinzas y de los pliegues en la cintura, derecho con derecho. Doble los pliegues en dirección opuesta a la que tienen en el derecho del pantalón.

2) Hilvane las pinzas y los pliegues en la cintura. Planche las líneas de doblez dejando los extremos inferiores de los pliegues sin planchar.

3) Planche 1.3 cm (½") de la abertura de la aletilla hacia el revés, desde la orilla superior hasta 2.5 cm (1") más abajo de la abertura. Voltee la orilla cortada para casarla con el doblez y planche de nuevo. Cosa cerca de la orilla del segundo doblez. Recorte bajo las puntadas.

4) Haga las costuras laterales, las interiores y las del tiro, siguiendo los pasos 7, 8 y 9 de la página 73, con un largo regular de puntada. La abertura de la aletilla debe ser ligeramente más larga que en los pantalones. Acabe las pestañas de las costuras y planche la costura abierta.

5) Cosa de nuevo la curva del tiro encima de la costura anterior. Recorte la curva del tiro. Haga el acabado de las pestañas de costuras y planche.

6) Deslice el forro dentro de los pantalones, juntando revés con revés. Prenda en las líneas de costura. Suelte las puntadas que sujetan los pliegues para acomodar la orilla del forro con la del cierre y prenda de nuevo los pliegues. Hilvane en la cintura. Dobladille el forro (página 111) después de dobladillar los pantalones.

Pretinas

Una parte importante de la colocación de la pretina es que entalle bien. El largo de la pretina terminada debe ser de 1.3 a 2.5 cm (1/2" a 1") más larga que la medida de su cintura, para que le resulte cómoda. Se corta con 11.5 cm (41/2") más de largo que la medida de su cintura (páginas 70 y 71), ya que el largo sobrante se recorta al coserla.

Las pretinas llevan una entretela para aumentar su estabilidad y darles cuerpo. Se puede utilizar una entretela fusionable perforada para doblar con más facilidad la orilla superior de la pretina. También se puede cortar una tira de entretela fusionable de la mitad del ancho de la pretina, o del ancho completo, dependiendo del peso de la tela de los pantalones y de la entretela misma.

Presillas

Con frecuencia se agregan presillas a la pretina. El ancho que tienen ya terminadas varía de 1 a 2.5 cm (3/8" a 1"). Se usan de cuatro a cinco presillas. Si usa cuatro, una se coloca a la mitad entre la costura central y la lateral en el delantero y el trasero. La quinta presilla puede agregarse en el centro del trasero. Corte las presillas para cinturón a lo largo del hilo de la tela. El largo que corte para cada una será el doble del ancho terminado de la pretina. Las presillas se pueden colocar durante la confección de la pretina, como se ve en la página 107.

Cómo coser presillas para cinturón

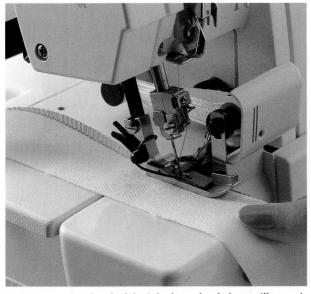

1) Corte una tira de tela del triple de ancho de la presilla terminada, ya que el largo de la tira es igual al largo cortado de cada presilla por el número de éstas. Acabe una de las orillas largas con puntada de overlock o zigzag.

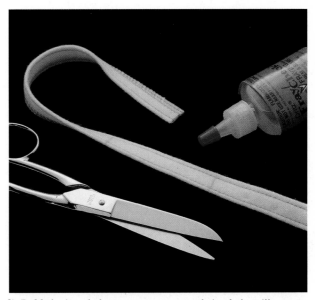

2) Doble la tira a lo largo en tres partes, cubriendo la orilla cortada y planche. Haga un sobrepespunte en ambas orillas por el derecho a 3 mm (1/8") del doblez. Marque las líneas de corte y aplique líquido para evitar el deshilachado sobre las marcas. Deje que seque. Corte las presillas de la tira.

Cómo colocar una pretina en los pantalones con aletilla protectora

1) Haga un pespunte en la costura de la cintura. Acomode el centro del delantero con la costura central trasera, manteniendo el cierre cerrado. Señale los dobleces a los lados con pequeños cortes de 6 mm (¼").

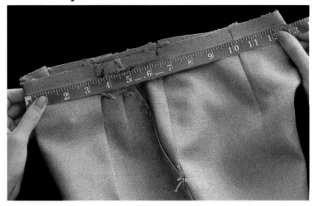

2) Doble de nuevo casando las marcas laterales. Mida el largo de la cintura del centro delantero al centro trasero a lo largo del pespunte. Duplique esta medida, quitándole 1.3 cm (½") para determinar el largo de la pretina terminada.

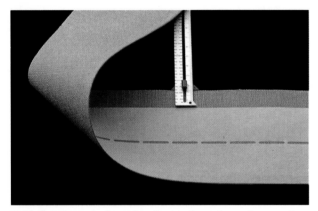

3) Fusione la entretela perforada para forro de pretina por el revés de ésta, dejando la parte más angosta a 1.5 cm (⅝") de la orilla cortada. También puede utilizar entretela fusionable común.

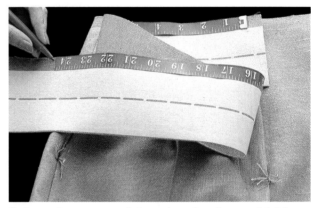

4) Acomode un extremo de la pretina sobre el centro del delantero, del lado que traslapa, con las orillas cortadas parejas y derecho con derecho. Señale el centro delantero de la pretina a 1.3 cm (⅝") del extremo. Mida desde la marca delantera central hasta el largo de la pretina terminada. Señale el centro del frente en el otro extremo de la pretina.

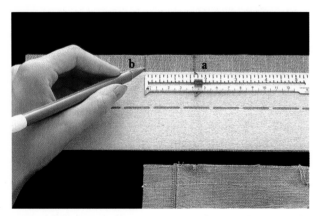

5) Marque la distancia desde el centro del frente **(a)** hasta la orilla de la aletilla protectora **(b)**.

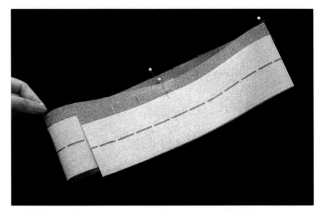

6) Case las marcas en el centro delantero y señale el centro trasero en el doblez. Empalme el centro delantero con el centro trasero marcando los dobleces a la mitad, como hizo para los pantalones en el paso 1 anterior.

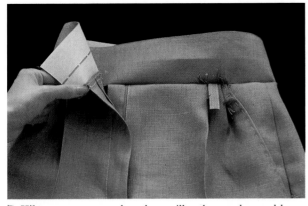

7) Hilvane un extremo de cada presilla a la prenda, en el lugar que desee. Prenda la pretina a los pantalones, derecho con derecho, casando las marcas en la orilla de la aletilla inferior, centro delantero, centro trasero y costados. Distribuya la holgura en forma simétrica. Cosa la cintura. Desvanezca las pestañas.

8) Recorte el largo sobrante en la parte inferior del traslape a 1.5 cm (⁵/₈") más de la orilla de la aletilla inferior. Planche las pestañas hacia la pretina. Doble la pretina derecho con derecho, volteando el orillo hacia arriba en los extremos para casar con la cintura (flecha). Cosa los extremos de la pretina. Desvanezca las pestañas de costuras.

9) Voltee la pretina al derecho. Planche. El orillo se extiende por debajo de la línea de la cintura en el interior de la prenda. Sujete en su lugar con alfileres y cosa desde el derecho en el espacio entre las costuras. Haga un sobrepespunte si lo desea.

10) Voltee hacia arriba las presillas del cinturón, dejando de 3 a 6 mm (¹/₈" a ¹/₄") de holgura hacia el doblez inferior. Doble hacia abajo el extremo libre de cada presilla. Cosa con sobrepespunte en la orilla superior de la pretina.

Cómo colocar una pretina en pantalones sin aletilla protectora

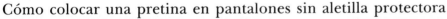

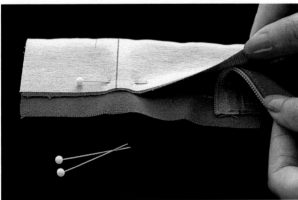

1) Siga los pasos 1 a 4 de la página a la izquierda. Marque el extremo inferior de traslape de la pretina a 5 cm (2") después de los dientes del cierre. Pase a los pasos 6 y 7. Meta los pantalones en la pretina en el extremo inferior del traslape.

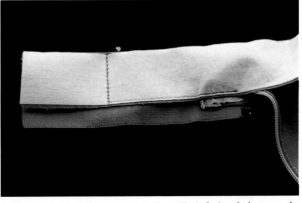

2) Cosa a través del extremo y en la orilla inferior de la parte de abajo del traslape. Siga cosiendo sobre las puntadas anteriores, todas las capas de tela, hasta la marca central del frente. Siga los pasos 9 y 10 indicados anteriormente, para acabar los pantalones.

Formas de abrochar

Todos los pantalones requieren dos formas de abrochar, una principal y una secundaria, para distribuir la tensión e impedir que se jale la parte superior del cierre. Al colocar el segundo cierre, tenga la pretina cerrada, conservando la ligera curva del cuerpo.

Para pantalones de vestir, seleccione formas de abrochar que sean planas y delgadas. Un botón plano o un broche de gancho sostienen bien el cierre principal. Como cierre secundario, un broche grande de presión, o hasta uno mediano, funciona bien, aunque puede usar un broche de gancho o un botón. En un mismo pantalón puede combinar las diversas maneras de cerrar. Por ejemplo, puede usar un botón como cierre principal y un broche de presión como cierre secundario.

Cosa botones o broches con una hebra doble de hilo, utilizando cera de abeja para impedir que los hilos se enreden.

Cómo coser el broche principal (botón y ojal)

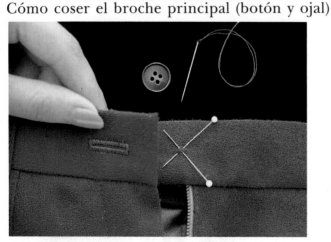

1) **Haga** un ojal horizontal cerca del extremo de la pretina que traslapa. Señale la colocación del botón bajo el ojal.

2) **Cosa** el botón por el derecho del traslape inferior de la pretina, formando un tallo con el hilo. Para mayor seguridad, cosa un botón pequeño y plano por el revés de la pretina.

Cómo coser el broche secundario (botón y ojal)

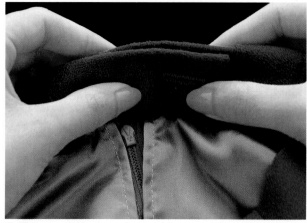

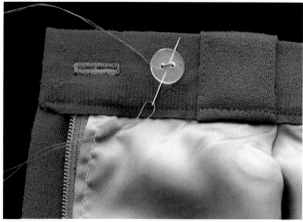

1) Haga un ojal horizontal cerca del extremo de traslape inferior de la pretina. Sujete la pretina cerrada, ligeramente curvada para determinar el lugar del botón.

2) Cosa un botón plano por el revés de la pretina de modo que las puntadas no se vean por el derecho, haciendo un pequeño tallo de hilo.

Cómo coser el broche principal (gancho)

1) Coloque el gancho por el revés del extremo de la pretina que traslapa. Cosa en su lugar con puntadas cortas, muy juntas, de modo que no se vean por el derecho.

2) Acomode la presilla bajo el gancho y cosa en su lugar con puntadas cortas, muy juntas.

Cómo coser el broche secundario (broche de presión o gancho)

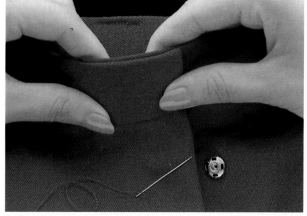

1) Señale el extremo inferior del traslape con un alfiler, desde el revés de la pretina. Cosa el macho del broche o el gancho al revés de la pretina, cerca de la costura de la cintura, dentro del área señalada, de modo que las puntadas no se vean desde el derecho.

2) Sostenga la pretina cerrada, ligeramente curvada para determinar el lugar del broche hembra o de la presilla. Cosa firmemente en su lugar.

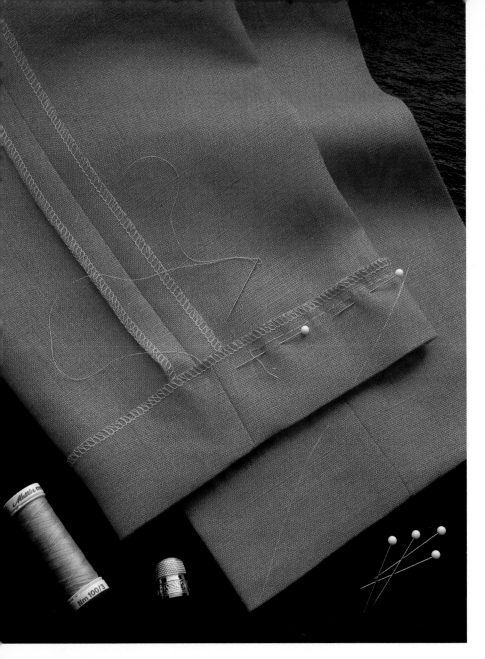

Cómo dobladillar pantalones

Para cerciorarse de que el largo de los pantalones es correcto, las piernas del pantalón se prenden y dobladillan después de poner la pretina. Al prender el dobladillo, use los zapatos que va a usar con los pantalones. El largo de éstos varía según el estilo de los pantalones y el ancho de la pierna del pantalón.

Cuando se trate de pantalones clásicos, el dobladillo debe rozar el pie o zapato por el frente, extendiéndose hasta la parte superior del talón en la parte trasera. Los dobladillos pueden quedar paralelos al piso y ser 1.3 cm (1/2") más largos atrás que adelante.

Si el dobladillo forma un ángulo en la parte de atrás, se recorta la pestaña de costura en el centro del frente para que el dobladillo quede parejo al coserlo, desvaneciendo la amplitud en la parte trasera de la pierna.

La medida normal para dobladillo de pantalones es de 5 cm (2"), aunque cuando se trata de telas ligeras, el ancho puede dejarse hasta de 2.5 a 3.5 cm (1" a 1 1/2").

Al confeccionar pantalones con valencianas, es importante modificar el patrón para que tenga el largo adecuado. Los pantalones con valenciana se dobladillan en forma paralela al suelo.

Cómo hacer dobladillos rectos en los pantalones

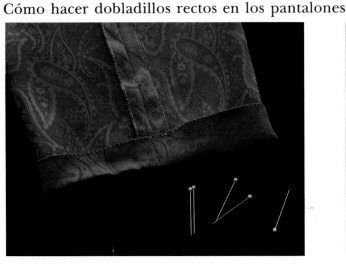

1) Voltee el dobladillo hacia arriba y planche ligeramente cerciorándose de que quede plano. Recorte el dobladillo con un ancho uniforme. Haga el acabado en la orilla, si es necesario. Los tejidos firmes se pueden orlar con tijeras para ribetear.

2) Prenda el dobladillo en su lugar. Doble 6 mm (1/4") la orilla superior del dobladillo y cosa a mano o dobladille con puntada ciega a máquina. Sujete el dobladillo firmemente en ambas costuras.

Cómo hacer dobladillos en ángulo en los pantalones

1) Voltee el dobladillo hacia arriba, planchando ligeramente. Recórtelo de la misma medida. Haga el acabado en la orilla cortada si es necesario. Corte el dobladillo 1.3 cm (½") en el centro del frente, extendiéndolo para que se abra a la medida de la pierna del pantalón.

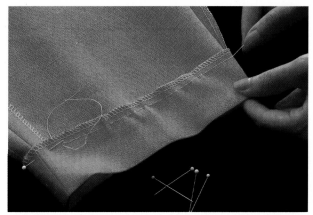

2) Acomode la holgura sobrante en la parte de atrás mediante un hilván. Cosa el dobladillo como en la página opuesta, paso 2.

Cómo dobladillar el forro de los pantalones

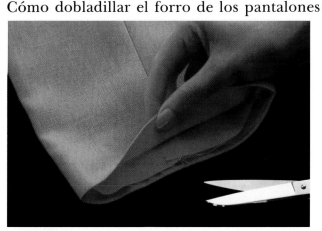

1) Dobladille los pantalones en la misma forma que para los pantalones rectos en la página opuesta, o para los dobladillos en disminución (arriba). Recorte el forro al largo de los pantalones terminados.

2) Voltee 2.5 cm (1") hacia el revés del forro y planche el doblez. Voltee hacia adentro la orilla cortada hasta que llegue al doblez y planche de nuevo. Cosa a máquina cerca de la orilla del segundo doblez.

Cómo dobladillar pantalones con valencianas

1) Señale las líneas de doblez de la valenciana con puntadas de sastre. Acabe la orilla del dobladillo. Voltee hacia arriba el dobladillo casando las marcas. Hilvane a mano a lo largo del dobladillo. Planche la línea del doblez de la orilla inferior.

2) Voltee la orilla inferior hacia el derecho para formar la valenciana. Doble y planche a lo largo del dobladillo. Doble la valenciana hacia abajo, cosiendo el dobladillo a máquina o a mano.

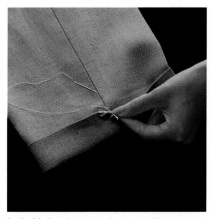

3) Doble la valenciana de nuevo. Haga puntadas de sastre a través de todas las capas de tela, en las costuras, a 6 mm (¼") de la orilla superior de la valenciana. Planche el doblez en la valenciana, si los pantalones lo llevan.

Cómo cambiar
un diseño

Cambios sencillos en el diseño

Es posible que desee coser diferentes estilos de pantalones después de modificar el patrón·de pantalones básico o clásico. En lugar de comprar y ajustar otro pantalón, con frecuencia puede hacer pequeños cambios en el patrón básico. Hasta estos pequeños cambios, como agregar un bolsillo para reloj en la cintura, le proporcionan a los pantalones un aspecto diferente.

Para cambiar el ancho de las piernas del pantalón, quizá prefiera utilizar los métodos de confección plana. Si desea guardar el patrón básico para utilizarlo en el futuro, cópielo en papel especial antes de modificarlo. Trace las líneas de costuras, pinzas, pliegues e hilo de la tela. Agregue las pestañas

de costura después de hacer los cambios en el patrón, para lo cual debe seguir las indicaciones en la página 66.

Bolsillo para reloj

El bolsillo para reloj es un detalle popular de diseño. Se usa para guardar artículos pequeños, o simplemente para agregarle un detalle interesante al pantalón. Se puede hacer en una costura horizontal, por lo general en la línea de cintura o en la costura horizontal de una pieza adicional. La orilla del bolsillo puede ser curva, recta o angular. Si se usa costura plana, se puede hacer antes de coser los pantalones.

Cómo agregar un bolsillo para reloj

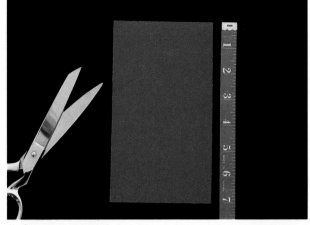

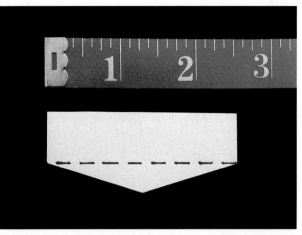

1) Corte un pedazo de la tela para los pantalones para hacer el bolsillo de 18 × 10 cm (7" × 4"). Si desea un color contrastante, puede usarlo. En esta medida se incluyen 1.5 cm (⁵/₈") para pestañas de costura.

2) Haga una plantilla de cartón de la forma que desee para la orilla del bolsillo terminado, con una abertura de 6.5 cm (2¹/₂") de ancho. Agregue una pestaña de 1.5 cm (⁵/₈") para la pestaña de costura en la cintura.

3) Centre la plantilla por el revés de un extremo corto de la pieza para el bolsillo y marque la línea de costura.

4) Acomode la orilla marcada de la pieza para el bolsillo en el lugar que la desea, derecho con derecho, y cosa sobre la línea marcada utilizando puntadas cortas.

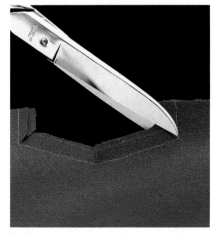

5) Recorte y desvanezca las pestañas de costura, haciendo pequeños cortes donde sea necesario.

6) Voltee al interior la pieza del bolsillo y planche, usando un aplanador de costuras para alisar la orilla. Haga un pespunte en la orilla o bajo pespunte en la abertura.

7) Doble la pieza del bolsillo hacia arriba, casando las orillas cortadas. Prenda y corte. Acabe las pestañas de costura. Hilvane a máquina por la cintura.

Cómo agregarle pliegues a un patrón

Un patrón que tenga pliegues pequeños puede modificarse, utilizando el método de patrón plano, haciendo más grandes esos pliegues. Corte el patrón a lo largo y ábralo hasta tener la amplitud adicional para el pliegue principal, desvaneciendo la amplitud hasta el dobladillo.

Para cambiar un patrón ajustado con pinzas en un patrón con pliegues, desvanezca la amplitud del pliegue principal hasta el dobladillo. La amplitud del segundo pliegue llega únicamente a la cadera.

La medida de amplitud que se forma por los pliegues puede variar, dependiendo de la preferencia personal. Decida de qué profundidad desea cada pliegue. Por lo general, el pliegue que queda sobre el hilo de la tela es mayor que el segundo pliegue. Después determine la cantidad de tela necesaria para los pliegues, o el espacio para los pliegues. Esta medida es igual al ancho combinado de los pliegues o pinzas originales más la medida en que abra el patrón. Si va a hacer.dos pliegues, reparta este espacio entre los dos.

Cómo aumentar la profundidad del pliegue mayor del patrón

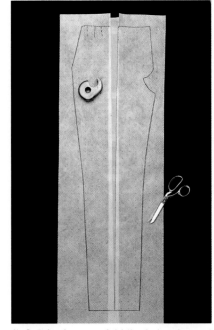

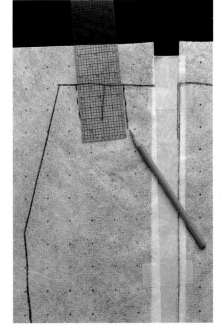

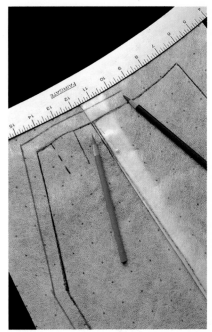

1) Señale el centro del hilo de la tela en el patrón (página 89). Corte por la línea marcada hasta el dobladillo, sin llegar a cortar éste. Abra el patrón la medida necesaria para formar el pliegue principal.

2) Señale la colocación del doblez exterior del pliegue principal sobre la marca central del hilo de la tela. Señale la otra línea de pliegue para que la profundidad de éste ocupe el espacio original más la medida que aumentó.

3) Doble en su lugar el pliegue principal. Rectifique la línea de la cintura y aumente las pestañas para costura.

Cómo cambiar de un patrón ajustado con pinzas a un patrón con pliegues

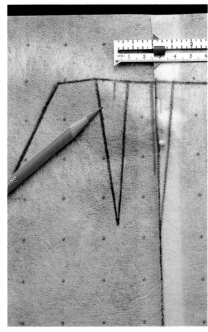

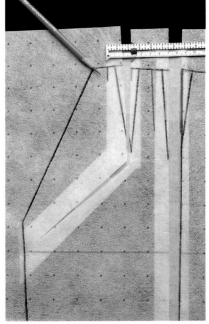

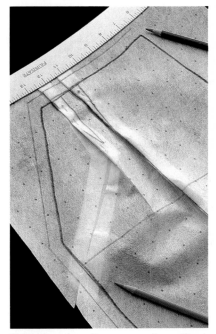

1) Siga el paso 1, como se indica arriba. Señale la línea de colocación del pliegue para el doblez exterior en el centro del hilo de la tela. Señale el otro pliegue para que ocupe el espacio original de la pinza más la medida que aumentó. Acomode el doblez en su lugar. Marque una línea para el segundo pliegue, a 2.5 cm (1") del pliegue principal, acercándose a la costura lateral.

2) Desdoble el pliegue principal. Corte el patrón por la línea marcada 10 cm (4") hacia abajo de la cintura y diagonalmente, sin traspasarla, hasta la línea de la cadera por la costura lateral. Abra el patrón hasta 2 cm (³/₄"). Marque las líneas del pliegue para el pliegue secundario.

3) Doble ambos pliegues en su lugar. Rectifique la línea de la cintura y la costura lateral. Aumente las pestañas de costura.

Modificaciones en el ancho de la pierna

El método sencillo de patrón plano se utiliza para cambiar el ancho de las piernas de los pantalones, haciéndolas más anchas o más angostas que el patrón original. El ajuste en el ancho conviene también para conservar el diseño original después de ajustar el ancho de la cadera (páginas 54 y 55).

Al angostar las piernas de un pantalón, cerciórese de que pasa bien por el pie al ponérselo. Si es necesario, aumente una aletilla o abertura en la línea del dobladillo. En las telas de punto que estiran, las piernas de los pantalones pueden ser más angostas que en las telas de hilado.

Determine la diferencia entre el ancho original del patrón y el nuevo ancho deseado. Divida esta diferencia en dos, entre la costura interior y la lateral, de modo que no cambie el hilo de la tela y los pantalones tengan buena caída.

Las nuevas líneas de costura se trazan en una línea continua desde el dobladillo hasta que encuentre la línea original de costura, más o menos a medio muslo. La medida del cambio requerido y el estilo del patrón determinan la altura a la que las líneas de costura se incorporan a las líneas de costura originales para que el trazo sea uniforme. Si el cambio es bastante considerable para que se unan arriba de la rodilla, distribuya el mismo ancho en el trasero y delantero a la altura de la rodilla, pero lleve la línea más alto en la costura lateral que en la interior. Después de cambiar el ancho de la pierna del pantalón, aumente en el patrón las pestañas para costura y dobladillo.

Normas para modificar el ancho de las piernas de los pantalones

La nueva costura lateral se traza desde la orilla inferior hasta cualquier punto entre la línea de la rodilla y la de la cadera, dependiendo del estilo de los pantalones y la medida de la amplitud deseada en el área de los muslos.

La nueva costura interior se traza desde la orilla inferior hasta cualquier punto entre la línea de la rodilla y el extremo de la entrepierna, depen-

diendo del estilo de los pantalones y de la medida de la amplitud deseada en el área de los muslos.

Distribuya la medida que va a modificar simétricamente entre la costura lateral y la costura interior, por debajo de la línea de la rodilla. La costura lateral se une a la anterior más alto que la interior, sobre la línea de la rodilla.

Cómo modificar el ancho en las piernas de los pantalones

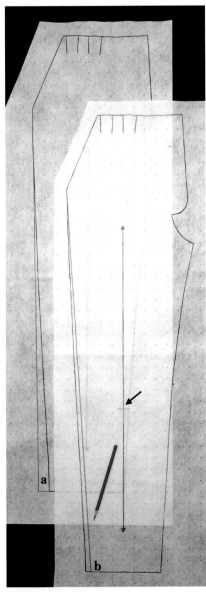

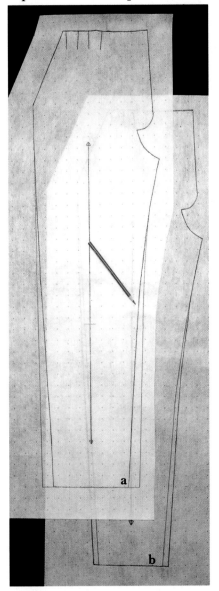

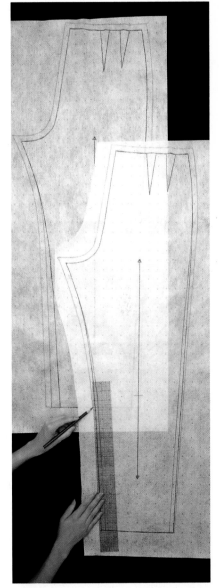

1) Señale la línea de la rodilla en el patrón (flecha). Señale ¼ de la medida total que desea modificar a lo largo de la línea del dobladillo en la costura lateral del frente del patrón para aumentar **(a)** o disminuir **(b)** el ancho. Trace la nueva línea de costura, llevándola como se indica en las normas para cambiar el ancho de los pantalones.

2) Marque la misma medida que vaya a modificar en la línea del dobladillo y en la de la rodilla, por la costura interior, que marcó en la costura lateral para aumentar **(a)** o disminuir **(b)** el ancho. Trace una nueva línea, haciéndola llegar a las líneas anteriores, como se indica en las normas, arriba.

3) Marque y una la línea lateral de costura y la línea interior sobre el patrón trasero hasta los mismos puntos que llegó en el delantero. Aumente las pestañas para costuras y dobladillo.

Cómo agregar valencianas

El aspecto de un pantalón básico puede modificarse al aumentarle valencianas. Este detalle se le debe aumentar al patrón antes de cortar los pantalones. El ancho adicional se aumenta tanto a la pieza del frente como a la de atrás, y las líneas de costura en las valencianas se forman para que se adapten a las piernas en disminución del pantalón.

Por lo general, el ancho de la valenciana es de 3.8 cm (1½"), aunque varía de 3.2 a 5 cm (1¼" a 2"). Determine el largo de los pantalones ya terminados antes de aumentar la valenciana, aprovechando como guía el patrón básico ya ajustado.

Cómo agregarle valencianas a un patrón

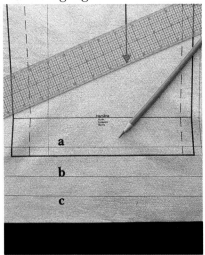

1) Mida el ancho deseado de la valenciana por debajo del dobladillo. Trace la línea de doblez **(a)**. Trace la segunda línea de doblez **(b)** dejando el mismo ancho que para la anterior. Marque la nueva orilla del dobladillo **(c)** 1.3 cm (½") más angosta que el ancho de la valenciana.

2) Recorte el patrón en la nueva orilla del dobladillo. Doble el patrón por la línea de doblez **(a)**, revés con revés. Voltee la valenciana hacia arriba por la línea de doblez **(b)**.

3) Extienda las líneas de corte y quite los sobrantes al patrón antes de desdoblar. Marque las líneas de costura.

Pantalones con resorte en la cintura

Los pantalones con resorte en la cintura se asocian, por lo general, con ropa deportiva casual. Sin embargo, este mismo estilo se puede utilizar para pantalones más formales. Puesto que los frunces en la cintura de los pantalones de resorte abultan, utilice telas ligeras con buena caída, como jersey de lana, seda, crepé de china, tejidos de punto en algodón, gabardina de rayón o chalí de lana.

Cómo ajustar los pantalones con resorte en la cintura

Por lo general, no se requiere ajustar la cintura al entallar este tipo de pantalones. El cierre se elimina, de modo que la cintura debe ser bastante amplia para pasar sobre la parte más amplia de las caderas.

Si se utiliza una tela tejida, el patrón debe medir por lo menos 5 cm (2") más en la cintura que la medida de la cadera, de modo que el pantalón suba con facilidad y que no abulte el área de los bolsillos.

Si utiliza un tejido de punto, la mínima medida de holgura dependerá de lo que la tela estire. Si los pantalones van a llevar un bolsillo lateral, la tolerancia mínima en la cadera debe ser de 5 cm (2").

Técnicas de costura para pantalones con resortes en la cintura

Al armar los pantalones con resorte, utilice costuras convencionales y plánchelas abiertas. Haga primero las costuras laterales y cosa los bolsillos en las costuras laterales (páginas 122 y 123). Cosa después la parte interior de las piernas y el tiro. Al hacer la costura del tiro, cosa una cinta de refuerzo (página 100) a *todo* lo largo de la costura, desde el centro trasero hasta el centro delantero. Esto le dará estabilidad al área de la entrepierna, de modo que no se estire deformándose. Lo último que se coloca es la pretina (páginas 124 y 125).

Los pantalones con resorte pueden forrarse, pero por lo general esto no se hace. Si las piernas van angostas y no se forran, puede forrar únicamente el área de la rodilla (página 102) para que las rodillas no se abolsen.

Bolsillo de una pieza en pantalones con resorte en la cintura

El bolsillo de una pieza que se cose directamente a los pantalones no es voluminoso. Las puntadas se convierten en detalle de diseño, aumentando el interés del diseño al centrar el bolsillo en la costura lateral. Esta clase de bolsillo resulta adecuada para pantalones que no queden entallados, tal como los pantalones con resorte en la cintura.

Si utiliza una tela de hilado, remate las pestañas de costura antes de colocar el bolsillo. Las instrucciones que se proporcionan a continuación permiten pestañas para costuras de 1.5 cm (⅝") tanto en la línea de la cintura como en las costuras laterales. La abertura para el bolsillo se debe estabilizar para que no se estire y pierda su forma.

Cómo coser un bolsillo de una pieza

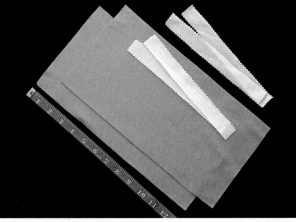

1) Corte dos piezas de la tela de los pantalones, al hilo de la tela, de 18 × 33 cm (7" × 13"). Corte cuatro tiras de entretela tejida fusionable ligera de 2.5 × 21.8 cm (1" × 8 ½"), al hilo de la tela, con tijeras para ribetear.

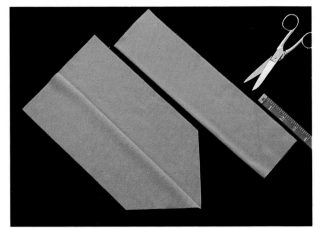

2) Doble las piezas del bolsillo a lo largo, revés con revés. Planche ligeramente el doblez. Mida 9 cm (3½") desde una orilla cortada. Corte una línea diagonal de este punto al doblez central para formar el extremo inferior del bolsillo. Si es necesario, haga un acabado para las orillas cortadas.

3) Acomode la entretela fusionable por el revés de los pantalones en la abertura del bolsillo a 2.5 cm (1") de la orilla superior y poniendo parejos ambos lados del pantalón. Planche para pegar la tela.

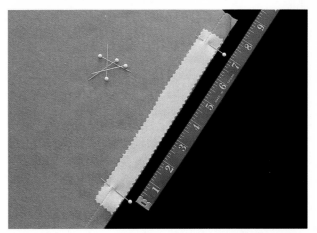

4) Marque la abertura del bolsillo de 18 cm (7"), empezando a 3.8 cm (1½") de la orilla superior. Haga la costura lateral dejando la abertura del bolsillo sin coser. Haga el acabado en las pestañas de costura, si hace falta.

5) Planche abierta la costura lateral, incluyendo las pestañas para costuras. Marque el punto en que el sobrepespunte debe girar en el extremo inferior de la abertura del bolsillo, 1.3 cm (½") bajo la abertura y a 1.3 cm (½") a cada lado del bolsillo.

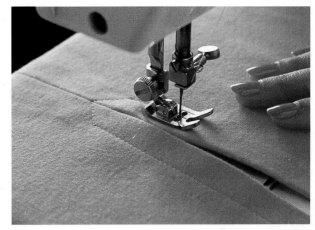

6) Haga un sobrepespunte a 1.3 cm (½") de la abertura del bolsillo, comenzando en la orilla superior y cambiando de dirección en las señales, como aparece en la ilustración.

7) Acomode el doblez central del bolsillo bajo la abertura del mismo, derecho con derecho. Prenda en su lugar. Hilvane a máquina desde el revés a 6 mm (¼") de la orilla exterior de la pieza del bolsillo.

8) Haga un sobrepespunte desde el derecho de la prenda, guiándose por las puntadas de hilván. Cambie de dirección en las esquinas y en la costura lateral. Quite los hilos del hilván. Haga lo mismo con el otro bolsillo.

Pretina para pantalones con resorte en la cintura

La pretina elástica para pantalones con resorte en la cintura se ve ligeramente plegada, lo que da un efecto suave. Después de coser la pretina se inserta resorte que no se enrolle. El ancho de la pretina se determina por el ancho del resorte. Este puede medir de 2.5 a 7.5 cm (1" a 3") de ancho, aunque por lo general se prefiere un resorte de 3.8 a 5 cm (1½" a 2").

Para que la cintura sea menos voluminosa, hay que cortar la pretina únicamente de 3.8 cm (1½") más larga que la medida de la cadera, ya que la cintura de los pantalones se pliega para ajustarse a la pretina.

Cuando se utilizan telas de hilado, la pretina se corta a lo largo del hilo de la tela, con una orilla de la pretina en el orillo. Si se utiliza tejido de punto, la pretina se corta perpendicular al hilo de la tela. Si se desea reducir aún más la línea de la cintura, no haga un doblez interno en el revés de la pretina de los pantalones.

Cómo coser una pretina en pantalones con resorte en la cintura

1) Corte la pretina de tela de hilado a lo largo del orillo, de un largo igual a la medida de la cadera más 3.8 cm (1½") y el ancho de la pretina del doble del ancho de la cinta elástica, más 3.2 cm (1¼"). Una los extremos cortos, derecho con derecho, con una costura de 6 mm (¼") y planche la costura abierta.

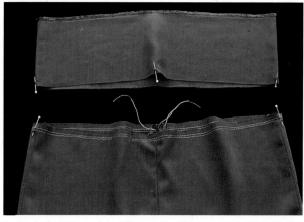

2) Haga dos hileras de puntadas para plegar en la pestaña de costura de la pretina de los pantalones, si estos son más grandes que la pretina. Divida los pantalones en cuatro partes, casando los centros del frente y del trasero, marcando con alfileres los dobleces a los lados. Divida la pretina en cuatro partes iguales y señale con alfileres.

3) Acomode la pretina y los pantalones, derecho con derecho, con la costura de la pretina en el centro trasero del pantalón. Case las marcas y prenda. Jale las puntadas del pliegue para que se acomoden y prenda con alfileres.

4) Cosa la pretina a los pantalones dejando una pestaña de 1.5 cm (⅝") y desvanezca. Planche la pestaña de costura hacia la pretina.

5) Doble la pretina a que cubra el ancho del elástico dejando un sobrante de 3 mm (⅛"). Planche el doblez. Prenda la otra orilla de la pretina en su lugar, desde el derecho de la prenda. Haga una costura en la unión del pantalón con la pretina dejando una abertura de 5 cm (2") en el centro trasero.

6) Corte el elástico a la medida de la cintura. Insértelo con un gancho. Traslape los extremos del resorte y asegúrelos con un alfiler de seguridad. Pruébese los pantalones y, si es necesario, ajuste el resorte.

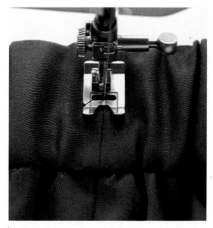

7) Cosa los extremos del resorte asegurándolos con puntada de zigzag muy cerrada. Haga una costura en el centro trasero en la unión de la pretina, para asegurar el resorte. Si lo desea, cosa también los costados.

Índice

A

Abdomen,
   cómo perfeccionar el ajuste, 75, 80-83, 85
   modificación de patrones, 39, 57-58
Ajuste,
   cuatro pasos para, 46-47
   definición del, 24-25
   normas de, 25
Ajuste angular, 57-58
   cómo rectificar las costuras laterales, 61
   cómo transferirlos al patrón, 89
Ajustes,
   ancho, 50-51, 54-55
   cómo preparar el patrón para, 46, 48-49
   cómo transferir al patrón, 88-89
   cruce del tiro,
      cómo perfeccionar el ajuste, 78
      modificación de patrones, 59
   cuchillas para, 57-58
   largo, 50, 52-53
   secuencia del, 50-51
   ver también: problemas de la figura
Ajustes en el ancho, 50, 54-55
Ajustes en el largo, 50, 52-53
Aletilla, al frente de la bragueta,
   confección, 98-99
   forro, 102-103
Aletilla de la bragueta, 98
   y pretina, 106-107

Aletilla volada al frente,
   confección, 98-99
   forro, 102-103
Alfileres, cómo marcar los cambios
   con, 86-87
Algodón,
   gabardina, 19, 21
   tejidos, 19
Aplanador de costuras, uso del, 94-95, 100-101

B

Bemberg^{MR} de rayón, forro de, 16
Bermudas, 10
Bolsillo para reloj, cómo agregarlo, 114-115
Bolsillos,
   cómo cortarlos, 70-71
   cómo rectificar, 64-65
   con refuerzo 65, 67, 96-97
   costura lateral,
      cómo rectificar, 64
      en pantalones con forro, 102
      pestaña para costura, cómo
         aumentarla, 67
   de una pieza, en pantalones con
      resorte en la cintura, 122-123
   inclinados,
      cómo coser con refuerzo, 96-97
      cómo coser sin refuerzo, 96-97
      cómo preparar el patrón para, 48
      cómo rectificar, 64-65
      en pantalones con forro, 102
      pestaña de costura, cómo
         aumentarla, 67
   para reloj, cómo agregarlo, 114-115
Bolsillos de una pieza en pantalones con
   resorte en la cintura, 122-123
Bolsillos en la costura lateral,
   cómo rectificar, 64
   en pantalones forrados, 102
   pestaña para costura, cómo agregarla, 67
Bolsillos inclinados,
   cómo preparar el patrón para, 48
   cómo rectificar, 64-65
   con refuerzo, 97
   en pantalones con forro, 102
   pestaña de costura, cómo agregarla, 67
   sin refuerzo, 96-97
Brazo de sastre, 94-95, 100-101
Brocado de seda, 18
Broches, 108-109
   botón, 108-109
   cierre al frente con aletilla, 98-99
   de ganchos, 108-109
   de presión 108-109
Broches de gancho, 108-109
Broches, tipos de, 108-109

C

Caderas,
   cómo perfeccionar el ajuste, 75, 80-83, 85
   disparejas, 80-81
   inclinadas, 33, 41

medidas, 28-29
   modificación al patrón, 37, 41-42, 54-55
   ver también: línea de la cadera
Cambios de diseño, 114-120
Cierre al frente con aletilla, 98-99
Cierres, 98-99
Cinta de refuerzo, para la costura de la
   entrepierna y tiro, 100
Cinta para refuerzo, cómo reforzar la
   costura de la entrepierna y tiro, 100
Cintura,
   cómo medir, 28-29
   cómo perfeccionar el ajuste, 75, 80-83, 85
   modificación de patrones, 36, 42, 54
   ver también: línea de la cintura
Cómo combinar ajustes, 41
Cómo cortar los pantalones, 70-71
Cómo marcar,
   cambios de ajuste, 86-87
   pantalones, 70-71
Cómo poner entretela,
   en la pretina, 105-107
   y vista en la bragueta, 98
Cómo rectificar,
   bolsillos en la costura lateral, 64
   bolsillos inclinados, 64-65
   con regla, 60
   con regla curva, 60
   costura del tiro, 63
   costura interior, 62
   costura lateral, 61
   definición de, 60
   línea de la cintura, 61
Cómo reforzar la costura del tiro, 100
Cómo unir los pantalones para ajustarlos, 72-73
Costura interior de las piernas,
   cómo perfeccionar el ajuste, 84-85
   cómo rectificar, 62
   puntadas, 100
Costuras,
   cambios en las marcas, 86-87
   cómo reforzar, 100
   forros, 102
   hilvanado a máquina, 70
   pestaña, cómo agregar, a, 66-67
   planchado, 94, 100-101
   puntadas, 100
      pantalones con resorte en la cintura, 121
   ver también: costura de la entrepierna y
      tiro, costuras interiores, líneas de
      costura, costuras laterales
Costuras laterales,
   cómo perfeccionar el ajuste, 75, 83-85
   cómo rectificar, 61
   normas de ajuste, 25
   puntadas, 100
   relación del patrón con el cuerpo, 26
Crepé de china, 18
Crepé, lana 17

CH

Chalí de rayón o lana, 17
Charmís, 18

D

Damasco, 19
Dobladillos,
    con valencianas, 110-111
    en los forros, 111
    pestaña,
        cantidad de, 110
        cómo agregar, 66
        recorte de, 110-111
Dobladillos, línea de los,
    con valencianas, 110-111
    en ángulo, 110-111
    forro de los, 111
    largo de los, 110
    normas de ajuste, 25
    rectos, 110
    relación del patrón con el cuerpo, 26
Dobleces,
    hilvanado a mano, 70
    normas de ajustes, 25
    planchado de, 70, 100-101

E

Espacio para pliegues, definición de, 116
Estilos, diversidad de, 10-11

F

Falda pantalón, 11
Fibras naturales,
    cómo seleccionar, 21
    telas de, 16
Figura, análisis de la, 33
Figura, problemas de la, 33-42
    abdomen,
        cómo perfeccionar el ajuste,
          75, 80-83, 85
        modificaciones al patrón, 39, 57-58
    caderas,
        cómo perfeccionar el ajuste, 75,
          80-83, 85
        disparejas, 80, 81
        inclinación, 33, 41
        modificaciones al patrón, 37, 41-42,
          54-55
    cintura,
        cómo perfeccionar el ajuste, 75,
          80-83, 85
        modificaciones al patrón, 36, 42, 54
    largo del tiro,
        cómo perfeccionar el ajuste,
          76, 78-79
        modificaciones al patrón, 51, 56-59
    muslos,
        cómo perfeccionar el ajuste, 75,
          83-85
        modificaciones al patrón, 39, 41, 59
    parte trasera del pantalón,
        cómo perfeccionar el ajuste, 75, 80,
          82-83, 85
        modificaciones al patrón, 38, 41-42,
          57-58
    piernas,
        modificaciones al patrón, 35, 52-53

piernas arqueadas,
    cómo perfeccionar el ajuste, 83-85
    modificaciones al patrón, 40, 54-55
profundidad del tiro,
    cómo perfeccionar el ajuste, 76-77
    modificaciones al patrón, 34, 42, 52
rodillas juntas,
    cómo perfeccionar el ajuste, 83-84
    modificaciones patrón, 40, 54-55
Figura promedio, ilustración de, 31
Forro,
    bragueta, 102-103
    cómo seleccionar la tela para, 16
    con bolsillos inclinados, 102
    pantalones con resorte en la cintura,
    121
        pestaña para costura, 102
        sólo en el área de las rodillas, 102
        ver también: telas específicas
Franela, lana ligera, 16

G

Gabardina,
    lana, 17
    rayón, 16
Gabardina de algodón, 19
Gis, marcaje con, 70, 86-87
Guía para seleccionar y coser la tela de los
    pantalones, 16-19

H

Hilo de la tela,
    cómo marcar un nuevo centro, 89
    hilvanado a mano, 70
    longitudinal, 25
Hilo de la tela al centro,
    hilvanado a mano, 70
    nuevo marcaje, 89
    planchado, 70
Hilo transversal de la tela,
    normas de ajuste, 25
Hilván a máquina para pantalones, 70
Hilvanado a máquina, 70
Holgura,
    básica, 24
    cantidad de, 20, 30, 31
    diseño, 24

I

Inclinación de la cadera al frente, 33, 41
Inclinación de la cadera hacia atrás, 33, 41

J

Jersey de lana, 19

L

Lana,
    crepé, 17

chalí, 17
    franela, 16, 21
    gabardina, 17
    jersey, 19
    peinada, 17, 21
    tweed, 16
Largos, diversos, 10-11
Línea de la cadera,
    relación del patrón al cuerpo, 26
    ver también: caderas
Línea de la cintura,
    cómo rectificar, 61
    normas del ajuste, 25
    relación del patrón con el cuerpo, 26
    ver también: cintura
Línea de la rodilla, relación del patrón con
    el cuerpo, 26
Líneas de corte, cómo transferir los ajustes
    en las, 89
Líneas de costura,
    cómo marcarlas, 87
    cómo rectificar, 60-65
    como transferirlas al patrón, 88
    ver también: costuras
Lino para trajes, 18, 21
Lordosis, 33, 41

M

Medidas,
    caderas, 28-29
    cintura, 28-29
    exactitud en las, 28
    horizontal, 28
    tabla de ajuste de pantalones, 30-31
    tiro y entrepierna, 29
    vertical, 28-29
Mezclilla, 19
Muslos,
    cómo perfeccionar el ajuste, 75, 83-85
    modificaciones al patrón, 39, 41, 59

N

Normas de ajuste, 25

O

Oblicuos, definición de, 20
Orillo del forro, cómo reforzar la costura del
    tiro, 100
Orillo, forro, refuerzo de la costura de la
    entrepierna y tiro, 100
Overlock, cómo usarlo, 102

P

Pantalón tipo pescador, 11
Pantalones,
    ver: estilos específicos
Pantalones clásicos, 10
Pantalones con resorte en la cintura, 10
    ajuste, 121
    bolsillo en una pieza, 122-123
    forro, 121

pretina, 124-125
técnicas para coserlos, 121, 125
tela para, 121
Pantalones de montar, 11
Paño de seda, 18
Para trajes, lino, 18
Parte trasera del pantalón,
cómo perfeccionar el ajuste, 75, 80,
82-83, 85
modificaciones al patrón, 38, 41-42,
57-58
relación del patrón con el cuerpo, 57
Patrones,
ajustados con pinzas, 20
ajustes, 24, 34-42, 45-67
secuencia para, 50-51
cómo agregar pliegues, 116-117
cómo cambiar el ancho de la pierna del
pantalón, 118-119
cómo cambiar las pinzas a pliegues,
116-117
cómo prepararlos para el ajuste, 46-49
cómo rectificar, 47, 60-65.
cómo transferir ajustes a los, 88-89
en relación con el cuerpo, 26
holgura en, 20
método plano con el patrón extendido,
114, 116-120
pantalones clásicos con pliegues, 20
tamaño de, 20-21
uso de, 12
Pestaña,
cómo agregar costura, 66-67
cómo agregar dobladillo, 66
Piernas,
cómo perfeccionar el ajuste, 83-85
medidas, 29
modificaciones al patrón, 35, 40, 52-55
normas de ajuste, 25
variaciones de ancho, 118-119
Piernas arqueadas,
cómo perfeccionar el ajuste, 83, 85
modificación de patrones, 40, 54-55
Pinzas,
cambio en las marcas, 87
cómo cambiar a pliegues, 116-117
cómo dar forma de nuevo, 82
cómo hacer las puntadas, 94-95
cómo perfeccionar el ajuste, 80, 82
cómo planchar, 94-95
normas de ajuste, 25
relación del patrón con el cuerpo, 26
Planchado, 94
auxiliares, 94-95, 100-101
costuras, 100-101
pinzas, 94-95
pliegues, 100-101
Pliegues,
cómo aumentar el ancho de los, 116-117
cómo aumentarlos al patrón, 116-117
cómo cambiar las pinzas a, 116-117
cómo perfeccionar el ajuste, 80-81
normas de ajuste, 25
relación del patrón al cuerpo, 26
Pluma de marcaje, cómo usarla, 70
Poliéster, forro de, 16
Popelina, 19
Postura, análisis de la, 33

Preencogido de la tela, 70
Presillas para cinturón, 105, 107
Pretina,
cómo agregar presillas para cinturón a
la, 105, 107
cómo aplicarla, 105-107
cómo cortarla, 70-71
con entretela, 105-107
elástica, 124-125
pantalones con resorte en la cintura,
124-125
Puntadas de sastre, 70-71
Puntadas de sastre rápidas, 70-71

R

Rayón,
Bemberg^{MR}, 16
chalí, 17
gabardina, 16
forro, 16
Refuerzo del bolsillo,
definición del, 96
en bolsillos inclinados, 65, 67,
96-97
Refuerzo, para bolsillo, 65, 96-97
Regla curva, para rectificar, 60
Regla recta, para rectificar, 60
Resorte, pantalones con, en la cintura,
124-125
Rodillas, forro, 102
Rodillas juntas,
cómo perfeccionar el ajuste, 83-84
modificaciones al patrón, 40, 54-55
Rollo de sastre, 94, 100-101

S

Sastre, brazo de, 94-95, 100-101
Seda,
brocado de, 18
de china, 16
forro, 16
seda peinada, 18
shantung, 19
tusor, 19
tweed, 18, 21
Seda china, forro de, 16
Seda peinada, 18
Shantung, 19
Shantung, seda, 19

T

Tabla para ajuste de los pantalones,
30-31
Tarjeta personal de ajuste, 90
Técnica del patrón, 114, 116-120
Tejidos de algodón, 19
Tela,
caída, 13, 16-19
características, 13-19
clases de, 16-19
cómo seleccionarlas, 12-19, 21, 121
con dibujo, 14-15

encogido previo, 70
fibras naturales, 16, 21
forros, 16
guía para seleccionar y coser, 16-19
peso de la, 16
ver también: tipos específicos de tela
Tela de algodón (chino), 19
Tipos de figura, normas, 31
Tiro,
cómo perfeccionar el ajuste, 76-79
costura,
puntadas, 100
cruces,
cómo perfeccionar el ajuste, 78
cómo rectificar las costuras interiores,
62
modificaciones al patrón, 57, 59
curva,
cómo formar de nuevo, 79
normas de ajuste, 25
relación del patrón con el cuerpo, 26
largo,
cómo perfeccionar el ajuste, 76, 78-79
en el cruce del tiro, 78
en la línea de la cintura, 79
modificaciones al patrón, 51, 56-59
línea de costura,
cómo coser, 100
cómo rectificar, 63
relación del patrón con el cuerpo, 26
línea, relación del patrón con el cuerpo, 26
medidas, 29
normas de ajuste, 25
profundidad,
ajuste de patrones, 34, 42, 52,
cómo perfeccionar el ajuste, 76-77
cómo rectificar las costuras laterales, 61
cómo transferir al patrón, 89
Tusor de seda, 19
Tweed,
de lana, 16
de seda, 18

V

Valencianas,
cómo agregarlas, 120
cómo dobladillar los pantalones con
110-111